Herausgegeben von
Stefan König und Klaus Roth

Bibliografische Information der Deutschen Nationalbibliothek
Die Deutsche Nationalbibliothek verzeichnet diese Publikation in der Deutschen Nationalbibliografie; detaillierte bibliografische Daten sind im Internet über http://dnb.d-nb.de abrufbar.

Bestellnummer 2830

www.hofmann-verlag.de

Illustrationen erste Umschlagsseite und Kapitel-Titelseiten: Claudia de Weck, Version nach „einblick“ 14/2014, © Lehrmittelverlag Zürich

Fotos: Stephan Zopfi

Video zum Buch: Stephan Zopfi und Walter Bucher
www.sportfachbuch.de/2830

Kinder-Foto-Alphabet, Seite 61: Daniel Lienhard
www.lienhardillustrator.com

Erschienen als Band 3 der „Sportstunde Grundschule“

Druck: Druck- und Kalender-Marketing Sosset GmbH, Kißlegg

Printed in Germany · ISBN 978-3-7780-2830-8

Inhaltsverzeichnis

Vorworte 4

Einführung 8

„Cool“ – auf einen Blick 15

I Lehren und Lernen

1 Verändertes Umfeld – anderes Lehren und Lernen 18
2 Bewegt lernen – besser lernen 20
3 Tipps zum Einstieg ins Bewegte Lernen 24
4 Bewegende coole Hausaufgaben motivieren 29

II Eingangsstufe/Kindergarten/Vorschule

1 Einleitung 32
2 Praxisbeispiele für „Bewegungs-Lernspiele“ 34

III Unterstufe/1.–3. Schuljahr

1 Einleitung 56
2 Praxisbeispiele für „Bewegende Hausaufgaben“ 58

IV Mittelstufe/ab 4. Schuljahr

1 Einleitung 94
2 Praxisbeispiele für „coole Hausaufgaben“ 96

V Schulweg als Lernweg

1 Einleitung 136
2 Praxisbeispiele für den Schulweg als Lernweg 138

VI Kleine, coole Sportprojekte

1 Einleitung 152
2 Praxisbeispiele für kleine, coole Sportprojekte 156

Verwendete und weiterführende Literatur 175

Vorwort

121 *coole* Hausaufgaben – welche Ideen stecken dahinter?

121: In der Schweiz läuft zur Zeit eine äußerst heftig geführte Debatte über den neuen „Lehrplan 21“. Die 21 steht für die Anzahl der deutschsprachigen Schweizer Kantone (von insgesamt 26), die einer Harmonisierung der föderalistisch organisierten Volksschule zugestimmt haben. Pro und contra zum neuen Lehrplan halten sich in etwa die Waage. Mit der Einführung wurde aber bereits begonnen. Lehrplandiskussionen sind nicht nur ein schweizerisches Problem. Wie auch immer, das Lernen wird den Kindern durch neue didaktische und pädagogische Überlegungen zwar etwas erleichtert, die Inhalte der heutigen Zeit angepasst, wichtige Kompetenzen gefördert und den individuellen Voraussetzungen vermehrt Beachtung geschenkt. Aber letztlich wird immer wieder entscheidend sein, ob und wie es einer Lehrperson gelingt, die Kinder für das Lernen, Üben und Leisten zu motivieren. Mit der Zahl 121 versuchen wir, einen Link bzw. einen ganz kleinen „Wink“ zur Umsetzung des Schweizer Lehrplans 21, aber auch für alle anderen Lehrpläne zu geben, insbesondere was die kontrovers diskutierten Hausaufgaben betrifft.

Cool: Der Begriff wird einerseits zur saloppen Bezeichnung einer besonders gelassenen oder lässigen, kühlen, souveränen, kontrollierten Geisteshaltung oder Stimmung genutzt. Andererseits ist *cool* als kinder- und jugendsprachliches Wort zur Kennzeichnung von positiv empfundenen, den Idealvorstellungen entsprechenden Sachverhalten gebräuchlich im Sinne von schön, gut, angenehm oder sogar erfreulich. Mit unserem Denkansatz und mit den 121 Beispielen versuchen wir, einige *coole* – weil bewegende – Hausaufgaben-Impulse zu vermitteln.

Hausaufgaben: Das tönt für einige Kinder und für viele Eltern nach Belastung, Pflicht und Stress. Zu diesem vieldiskutierten Thema gibt es Befürworter und Gegner. In Tagesschulen oder bei betreutem Lernen kann das Problem zwar gelindert werden, aber das Lernen ist den Kindern auch trotz gezielter Unterstützung durch Lehrpersonen oder Eltern nicht abzunehmen. Wir hoffen, dass wir mit unserem bewegenden Ansatz zu freudvollem, *coolem* Lernen, Üben und Leisten anregen können.

Per Mausklick zum aktiven Lernen? Kinder und Jugendliche werden heutzutage mit Notebooks, Smartphones und Tablets ausgestattet, denn die digitalen Möglichkeiten scheinen eine erfolgreiche schulische Zukunft zu verheißen.

Da werden Erinnerungen an andere technische Errungenschaften wach wie z. B. die Sprachlabors. Die Idee, das Lernen einer Fremdsprache ohne Mühen voranzutreiben, war kläglich gescheitert. Nun soll Medienkompetenz *die* neue Schlüsselqualifikation werden. Auch jetzt wird moniert, das Lernen mit digitalen Medien gehe einfacher, schneller und besser. Die Lernenden könnten sich somit alles selber beibringen. Studien der letzten Jahre haben aber immer wieder aufgezeigt, dass nicht primär die Medien sondern die Lehrperson für den Lernerfolg entscheidend ist. Ihre Unterrichtsarrangements und Lerntipps sind wesentlich. Dabei kann der gezielte Einsatz von digitalen Medien eine wichtige Rolle im Lernprozess spielen. Nicht mehr und nicht weniger.

Wer lernen und verstehen will, muss aus etwas Fremdem etwas Eigenes machen. Das ist ohne Anstrengung nicht möglich. Lernen und Üben (auch bei Hausaufgaben) mit Bewegung zu kombinieren, ist zwar ein bescheidener, aber vielversprechender Ansatz.

Die Ideen zum vorliegenden Buch wurden einerseits von Studierenden der Pädagogischen Hochschule Luzern als auch von den erfahrenen Lehrpersonen Regula Cimenti (VS/KG), Anita Schmid (US/MS) und Beni Bruggmann (MS/OS), welche ebenfalls von der Idee überzeugt sind, zusammengetragen und von uns ergänzt und redigiert.

Stephan Zopfi
Dozent für Bewegung und Sport sowie allg. Didaktik an der PH Luzern

Walter Bucher
Ehem. Dozent für Sport und Didaktik an verschiedenen Hochschulen

Vorwort der Herausgeber

Worin besteht die Gemeinsamkeit der Wortkombinationen: schwarzer Schimmel, Eile mit Weile, Hassliebe, stummer Schrei, alter Knabe, vorläufiger Endbericht und des Ausspruchs „unsichtbar sichtbar“ (Faust I; V.3450)? Die einfache Antwort lautet: Es handelt sich um *Oxymorone*, also um rhetorische Figuren, deren Gestalt sich aus zwei widersprechenden oder sich gegenseitig ausschließenden Begriffen zusammensetzt. Das Wort Oxymoron ist übrigens selbst ein Oxymoron, denn oxys heißt *scharfsinnig* und moros *dumm*.

Vor diesem Hintergrund stellt sich die naheliegende Frage, ob dem Autorenduo Stephan Zopfi und Walter Bucher mit dem Buchtitel *Coole Hausaufgaben* die Einführung eines neuen, innovativen Oxymorons gelungen ist. Auf den ersten Blick könnte das durchaus so gesehen werden. Die „Nachbereitung des erteilten Unterrichts bzw. die Vorbereitung seiner kommenden Inhalte“ hat für viele Schülerinnen und Schüler den Status eines „Hausfriedensbruchs“, der in ihrer heutigen, digitalen Lebenswelt zu überaus unerwünschten Statusmeldungen wie „offline“ oder „away“ führt. Ein Date mit Hausaufgaben und das Wort *cool* scheinen irgendwie alles andere als zueinander passend zu sein.

Ein zweiter genauerer Blick in das Innere dieses Bandes führt allerdings zu einer komplett anderen Einschätzung. Anhand von 121 *Bewegungs-Lernspielen, Praxisbeispielen* sowie den Themen *Schulweg als Lernweg* und *Kleine Sportprojekte* zeigen die Verfasser auf, dass der Titel „Coole Hausaufgaben“ durch entsprechende kreative Ideen und Inszenierungen fast umgekehrt zu so etwas wie einem „weißen Schimmel“, also einem Pleonasmus werden kann. In einer bisher einzigartigen Weise werden Lerninhalte aus den akademischen Schulfächern mit ansprechenden, motivierenden Bewegungsaufgaben verknüpft. Die Kinder verbessern ihre sprachlichen, mathematisch-naturwissenschaftlichen, sozial-emotionalen Kompetenzen und ganz nebenbei auch ihre motorischen Basisfähigkeiten und ihr sportbezogenes Fertigkeitsniveau.

Die sehr wünschenswerte Verbreitung des freudbetonten Konzepts der Bewegenden Hausaufgaben würde unsere heutige Kinderwelt wieder dem näher bringen, was sie eigentlich sein sollte: eine

Bewegungswelt. Kinder sind durch und durch Bewegungswesen. Ausreichende körperliche Tätigkeiten sind unverzichtbar. Inaktivität in dieser Entwicklungsphase kann prägend für lange Abschnitte des Erwachsenenalters sein. Zahlreiche Untersuchungen zeigen, dass ein bewegungsarmer Lebensstil in der Kindheit in aller Regel bis ins hohe Alter hinein erhalten bleibt. Die Zweige – so sagt ein altes Sprichwort – geben Kunde von der Wurzel.
Die vielfältigen Aufgaben- und Projektbeispiele von Zopfi und Bucher sind nicht nur von hoher praktischer und damit gesellschaftlicher Bedeutung, sondern treffen auch den Zeitgeist und die aktuellen Befunde aus der *Bewegungsneurowissenschaft*. Die Forschung in diesem Bereich zeigt mittlerweile unzweifelhaft auf, dass geeignete Bewegungsaktivitäten in der Kindheit die kognitive Leistungsfähigkeit stärken. Dabei muss einem Missverständnis vorgebeugt werden. Der verbreitete Slogan „Sport macht schlau" heißt nicht, dass Bewegung, Spiel und Sport direkt die Intelligenz fördern würden. Vielseitige körperliche Aktivitäten, die im Sinne des Multi-Tasking mit anderen Lerninhalten verknüpft werden, können jedoch die so genannten *Exekutiven Funktionen* verbessern. Damit sind lernförderliche Rahmenkompetenzen gemeint, wie das Arbeitsgedächtnis (Fähigkeit, Informationen kurzfristig zu speichern und mit ihnen zu arbeiten), die Inhibition (Fähigkeit, spontane Impulse zu unterdrücken, Aufmerksamkeit zu lenken) und die kognitive Flexibilität (Entscheidungsfähigkeit, Einstellen auf neue Situationen). Wie wichtig die *Exekutiven Funktionen* für den Erfolg im Leben sein können, zeigt die folgende Gedankenkette: körperliche Aktivitäten haben einen positiven Einfluss auf die Exekutiven Funktionen. Diese ermöglichen im Kindergartenalter eine genauere Vorhersage der Schulleistungen als der IQ. Die Schulnoten im Alter von acht Jahren sind dann ein ziemlich zuverlässiger Indikator für den späteren Berufserfolg und den Gesundheitsstatus im Erwachsenenalter.
Es gibt also viele gute Gründe, mehr Kinder zu mehr Bewegung zu bringen. Experten sprechen mittlerweile von verödeten Bewegungslandschaften, einer sitzen gebliebenen Gesellschaft und von der Gleichung *Generation@ = Generation f@t*. Der Ansatz der *Bewegenden Hausaufgaben* bezieht gleichermaßen Erzieherinnen und Erzieher, (Sport-)Lehrerinnen und Lehrer sowie Eltern mit ein und besitzt ein hochkarätiges Potenzial zu einem „Mit-Anwalt" für eine bewegungsreiche Kindheit zu werden.

Prof. Dr. Stefan König
Pädagogische Hochschule Weingarten

Prof. Dr. Klaus Roth
Institut für Sport und Sportwissenschaft Universität Heidelberg

Einführung

Die Schulglocke klingelt, der Unterricht ist vorbei. Die Kinder rennen über den Pausenhof in alle Richtungen. Je weniger Hausaufgaben ihnen bevorstehen, desto fröhlicher sind sie. Oft müssen sie jedoch viele, zeitaufwändige und schwierige Arbeiten mit nach Hause schleppen, was viele Kinder belastet.

Hausaufgaben wurden erst Ende des 19. Jahrhunderts in die Schweizer Schulgesetzgebung aufgenommen. Nach einer umstrittenen Phase wurden sie dann zu Beginn des 20. Jahrhunderts mehrheitlich befürwortet. Thema der wissenschaftlichen Forschung sind die Hausaufgaben aber erst seit knapp 50 Jahren. Gemäß Niggli & Moroni sind 40% der Kinder in der Zeit zwischen 15.30 und 17.30 Uhr unbeaufsichtigt und auf sich selbst gestellt (2009, S. 7). Diese Zeit wird in Betreuungseinrichtungen oft für die Erledigung der Hausaufgaben genutzt. Betreuungsplätze sind in der Schweiz aber nach wie vor Mangelware.

Für Kinder, die während dieser Zeitspanne sich selbst überlassen sind, gibt es viele Ablenkungsmöglichkeiten, so dass (unattraktive) Hausaufgaben ohne Engagement und als lästige „Pflichterfüllung“ erledigt werden. Eine kritische Überprüfung der traditionellen

Praxis scheint deshalb angezeigt. Gelingt es der Lehrperson, auch bei den Hausaufgaben attraktive Aufgabenstellungen zu kreieren und selbstständiges Arbeiten ins Zentrum zu rücken, trägt sie wesentlich zu einer lernbereichernden Hausaufgabenpraxis bei. Dazu bietet dieses Buch eine Sammlung mit entsprechenden Ideen.

Umstrittene Hausaufgaben

Für Hausaufgaben sprechen Argumente wie:

- **Zeitgewinn** (durch Hausaufgaben gewinnt die Schule Zeit, es kann mehr Stoff behandelt werden, schwächere Kinder können Lernrückstände aufholen).
- **Übungseffekt, Individualisierung** (Hausaufgaben ermöglichen den Unterricht zu individualisieren, denn die Kinder können in ihrem Lerntempo arbeiten).
- **Selbstständigkeit, Arbeitsethos** (Kinder werden durch Hausaufgaben an selbstständiges Arbeiten gewöhnt, sofern sie entsprechend angeleitet werden).
- **Sinnvolle Freizeitgestaltung, Zusammenarbeit Schule-Eltern** (die Hausaufgaben geben den Eltern einen Einblick in die Schularbeit und ermöglichen die Zusammenarbeit mit der Lehrperson).
- **Hausaufgaben verlängern die Lernzeit** (und sind vor allem für leistungsschwächere Kinder eine Chance).
- **Wer länger lernt erlangt mehr Wissen** (als jemand, der weniger Zeit für eine Lernaufgabe verwendet).
- **Bindeglied zwischen Schule und Elternhaus** (und dadurch positive Auswirkungen auf pädagogische Lernziele).
- **Hausaufgaben bieten zusätzliche Lerngelegenheiten** (wenn die Lernzeit individualisiert wird und das Kind so lange und ohne Stress im Unterricht an einer Aufgabe arbeiten kann, bis sie gelöst ist).
- **Alles, was wir intensiv üben, hinterlässt Spuren** (das gilt sowohl im Sport, in der Musik als auch in allen anderen Fachbereichen).
- **Lieber oft als zu viele Hausaufgaben** (und damit ist gemäß Forschungsresultaten eine leistungssteigernde Wirkung garantiert).

Gegen Hausaufgaben wird wie folgt debattiert:

- **Überforderung** (das Problem der Stofffülle wird ins Elternhaus verdrängt, Kinder und ihre Eltern werden teilweise überfordert).
- **Unkontrollierter Lernprozess** (ein wichtiger Teil des Lernprozesses wird ins Elternhaus verlagert, wo er zum Teil ungesteuert abläuft und dadurch soziale Ungerechtigkeiten entstehen können).

- **Abschieben der Verantwortung für den Lernprozess** (wer keine Unterstützung durch die Eltern oder Geschwister erhalten kann, ist benachteiligt).
- **Eine lernstörende Beschäftigungstheorie bis hin zu Hausfriedensbruch** (wenn auch die Eltern mit den Hausaufgaben überfordert werden).
- **Freizeit wird zur Schulzeit** (es ist widersinnig, dass in der „freien“ Zeit Schularbeiten erledigt werden müssen und die Erholungsphase dadurch gekürzt wird).
- **Sozial benachteiligte Familien werden zusätzlich „gestraft“** (fehlende geeignete Arbeitsräume bzw. Arbeitsmaterialien, ungenügende Sachkompetenz).
- **Wissenschaftliche Beweise fehlen** (welche die traditionellen Hausaufgaben rechtfertigen).

Hausaufgaben abschaffen?

1993 wurden im Kanton Schwyz (Schweiz) die Hausaufgaben zeitweise ganz abgeschafft. Tests zeigten, dass deshalb nicht schlechtere Noten geschrieben wurden. Auch kam es zu Hause zu weniger Stress und Streit. Dennoch setzte sich das Modell nicht durch. Eltern, Lehrkräfte und Politiker hatten sich heftig dagegen gewehrt.
2015 hat eine Schule in Wuppertal (Deutschland) die Hausaufgaben abgeschafft. Anstatt nach dem Unterricht zuhause zu pauken, vertiefen die Fünft- bis Achtklässler den Stoff im regulären Unterricht – in sogenannten Arbeitsstunden. Schon kurz darauf wurden auch in der Schweiz wieder Stimmen laut, die Hausaufgaben aus dem Lehrplan 21 zu kippen, sogar noch bevor dieser eingeführt ist!

Hausaufgaben sind und bleiben nach wie vor eine umstrittene Realität. Es stellt sich jedoch die Frage, ob es auch Möglichkeiten gäbe, den Umgang mit Hausaufgaben für alle Beteiligten nicht als Problem und Belastung, sondern als ein positives Lehr- und Lern-Erlebnis zu gestalten.

Mit spielerischem Bewegen geht vieles leichter

Erfahrene Lehrpersonen, die Formen des Bewegten Lernens praktizieren, sind überzeugt, dass Lernen, begleitet oder unterstützt durch vielseitige Bewegungsformen, bessere Lernresultate ergibt. Hinzu kommt, dass Kinder durch diese Art des Lernens und Übens motivierter sind und dadurch engagierter am Lernprozess teilnehmen. Doch leider springt dieser Funke selten mit den Hausaufgaben nach

Hause über. Hier schlummert ein Potential für begeistertes, freudvolles Lernen und Üben.

Kinder, die engagiert und sorgfältig an den Hausaufgaben arbeiten, zeigen bessere Leistungen in der Schule (Niggli & Moroni, 2009, S. 21). Wenn es also Lehrpersonen gelingt, Kindern Hausaufgaben zu erteilen, deren Lösung in einem begrenzten Zeitfenster stattfinden kann und die zu einem hohen Engagement führen, wird der Wert der Hausaufgaben wesentlich gesteigert. Da sich die meisten Kinder gerne bewegen, sind bewegte Lehr-Lern-Formen auch bei Hausaufgaben ein vielversprechender Ansatz. Zudem ist dies mit Sicherheit ein Beitrag zu angstfreiem, freudvollem Lernen und nicht zuletzt ein Beitrag, dem schleichenden Bewegungsmangel auf kindgerechte Art entgegen zu wirken.

Bewegende „coole" Hausaufgaben – Schritt für Schritt

In *Kapitel 1* werden einige Aspekte des Lehrens und Lernens thematisiert mit dem Fokus auf Bewegtes Lernen. Forschungsresultate belegen, dass Bewegen das Lernen fördert und unterstützt.

In *Kapitel 2* richtet sich der Fokus auf die Wesensart der Kinder im Kindergarten und in der Vorschule. Mit Blick auf Lehrpläne folgen einige konkrete Ideen in Form von spielerischen Bewegungs-Lernspielen für Unterricht und Freizeit.

Das *Kapitel 3* richtet sich an Kinder der Unterstufe. Wie ist ihr Wesen und welche Bedürfnisse haben sie? Wie könnte der Funke des Bewegten Lernens von der Schule auf die Hausaufgabenzeit überspringen? Wie können Kinder besser mit- und voneinander lernen? Welche Kompetenzen sollen auf dieser Altersstufe besonders gefördert werden?

In *Kapitel 4* werden diese Denk-Ansätze für die Mittelstufe fortgesetzt. Viele Ideen lassen sich, der Stufe angepasst, sowohl auf der Unter- wie auch der Oberstufe umsetzen.

In *Kapitel 5* folgen Überlegungen, wie auch der Schulweg als Lernweg und somit als Teil einer Hausaufgabe genützt werden könnte.

In *Kapitel 6* werden einige kleine coole Sportprojekte, z. T. für die ganze Familie, vorgestellt. Kinder bringen Bewegungsimpulse nach Hause und versuchen, Eltern und Geschwister für (mehr) Bewegung zu begeistern. Die zwei letzten Beispiele zeigen, wie Sport und Hausaufgaben auf ganz spezielle Art und Weise kombiniert werden können.

Hausaufgaben ja – aber gewusst wie!

Auf allen Schulstufen ist die Wahl von geschickten, individuell angepassten Hausaufgaben entscheidend dafür, ob sie von den Kindern gerne angepackt oder als lästige Pflicht erlebt werden. Wird den Kindern sogar ab und zu die Möglichkeit geboten, sich selbst Hausaufgaben zu geben oder solche mehr oder weniger selbstständig auswählen zu dürfen, dann ist eine noch größere Motivation garantiert. Wenn letztlich die Aufgaben in Lernpartnerschaften ausgeführt werden, dann ist der Lernerfolg noch größer, ganz abgesehen von den sozialen Kompetenzen, die dadurch gefördert würden. Also weg vom reinen pädagogischen Ritual, hin zu coolen, bewegenden Hausaufgaben.

Kompetenzorientierte Hausaufgaben – aber wie?

In den neueren Lehrplänen wird nicht mehr „nur“ von Lernzielen, sondern von Kompetenzen gesprochen. Der zentrale Punkt bei kompetenzorientiertem Unterricht bedeutet: Wissen und Können zeigt sich in der Anwendung. Das heißt: Schülerinnen und Schüler reproduzieren nicht auswendig gelernten Stoff, sondern sie können sich in bestimmten Situationen orientieren und ihr Wissen und Können anwenden.

Die Kompetenzorientierung erfordert eine intensive Auseinandersetzung mit Fragen des Unterrichtens: Die Schülerinnen und Schüler sollten deshalb vermehrt ihre Lernwege mit- und selbstbestimmt gestalten können. Dies setzt allerdings voraus, dass Lehrpersonen mittels handlungs-, problemlöse- und alltagsorientierten Aufgaben eigenständige Lern- und Übungsprozesse ermöglichen. Dies ist auch im Rahmen von coolen, bewegenden Hausaufgaben sehr gut möglich. Kinder erleben und erfahren dabei verschiedene Formen des Lernens und Übens und eignen sich im Laufe der Schulzeit ihre individuell am besten geeigneten Lernstrategien an.

Durch die Festlegung und Akzentuierung der einzelnen Lernziele können auch bei den Bewegenden Hausaufgaben ganz bestimmte

Kompetenzen angestrebt werden. In den Praxisbeispielen wird diesbezüglich in der ersten Spalte darauf hingewiesen. Ein Beispiel für die Unterstufe bei Nummer 30 „Prima Ballerina“:

Lernziele/Kompetenzen
Schulung des Gleichgewichts
Kräftigung der Fuß- und Beinmuskulatur
Konzentration

Kinder sollen in diesem Beispiel folgende Kompetenzen erwerben:
- Einigermaßen sicher und geschickt balancieren können.
- Sich beim Balancieren gegenseitig helfen können.
- Auch bei kognitiven Aufgabenstellungen das Gleichgewicht halten können.
- Kognitive Aufgaben auch unter erschwerten Bedingungen korrekt ausführen können.
- Zu kognitiven Aufgaben eigene Balancierübungen entwickeln können.

Im Rahmen der Rubrik „Feedback/Lernkontrollen“ verbalisieren die Kinder ihre Erfahrungen und demonstrieren ihre vollzogenen Bewegungshandlungen. Dies ist einer der Hauptansätze für kompetenzorientiertes Lernen.

Lehrpersonen können (und sollen) die vorgegebenen Lernziele und Kompetenzorientierungen den jeweiligen situativen und personalen Voraussetzungen anpassen.

Tipps zum Gebrauch dieses Buches

- Hausaufgaben sind ein wichtiger Bestandteil des Lehr-Lernprozesses. „Ohne Fleiß – kein Preis“, das gilt nicht nur für das Lernen und Üben in der Musik oder im Sport, sondern auch in allen anderen Fachbereichen.
- Hausaufgaben sollten ab und zu so gestaltet werden, dass sie sich von üblichen Aufgabenstellungen unterscheiden und dadurch als besonders attraktiv, eben als „cool“ erlebt werden.
- Die Dauer – auch der coolen – Hausaufgaben muss dem Lernvermögen der Kinder angepasst werden. Dazu gibt es entsprechende Richtlinien in den Lehrplänen.
- Inhalte und Ergebnisse der coolen Hausaufgaben können als Grundlagen für weitere Aufgabenstellungen und Unterrichts-

inhalte in verschiedenen Fachbereichen genutzt werden, was Kinder noch mehr zum Lernen animiert.

- Die in diesem Buch präsentierten Beispiele sind nicht als Rezepte zu verstehen, sondern lediglich als Anregungen, so etwas wie „Rohdiamanten", die sorgfältig „geschliffen" und immer den jeweiligen situativen und personalen Voraussetzungen angepasst werden müssen.
- Die meisten Ideen sind mit Varianten ergänzt (gekennzeichnet mit einem Punkt •). Diese regen an, eine Idee möglichst vielfältig zu gestalten und gemeinsam mit den Lernenden zu erweitern.
- Die Hausaufgaben-Beispiele sind zwar verschiedenen Stufen zugeordnet, können aber auch in vielen Fällen auf einer anderen Stufe – jedoch inhaltlich und bezüglich Anforderungen entsprechend angepasst – durchgeführt werden.
- Auf jeder Stufe sind die einzelnen Beispiele nach Fachbereichen geordnet. Da jedoch viele Ideen mit wenigen Anpassungen sehr gut auch auf andere Fachbereiche übertragen werden können, wurde bewusst auf eine strikte, systematische Reihenfolge bei den Praxisbeispielen verzichtet. Dies soll die Lehrpersonen anregen, noch vermehrt fächerübergreifend zu denken, zu handeln bzw. zu unterrichten.
- Zu guter Letzt werden mit einigen kleinen „coolen" Sportprojekten Bewegungs- und Sportimpulse vermittelt, die von der Schule bzw. von den Kindern aus initiiert und in Familien während der schulfreien Zeit durchgeführt werden könnten.
- Die Ideen sind von 1–121 durchnummeriert. Dies kann der Lehrperson bei der Vor- und Nachbereitung des Unterrichts als Orientierung dienen.

Hausaufgaben ja – aber im richtigen Maß!

Wir haben mit unseren Meinungen und Argumenten klar Stellung bezogen, denn wir sind von sinnvollen, motivierenden Hausaufgaben überzeugt. Mit dieser Publikation wagen wir den Schritt, diese Ideen – unabhängig von welchem Lehrplan – in die Praxis umzusetzen.

Wir wünschen allen Lehrpersonen Mut zum Erteilen von Hausaufgaben, allerdings mit dem Wunsch, dies auf eine bewegende und „coole" Art zu tun.

„Cool" – auf einen Blick

Auf allen Schulstufen wird versucht, dem Wesen und dem unterschiedlichen Entwicklungsstand aller Kinder gerecht zu werden. In der Vorschule und im Kindergarten wird mittels Lernspielen der Akzent behutsam vom Spielen zum ganzheitlichen Lernen mit allen Sinnen gelenkt. Das Motto heißt deshalb:

Spielend lernen – lernend spielen

Wenn das ganzheitliche, spielerische Lernen mit Bewegung kombiniert ist, wird einerseits die Lernfreude gesteigert und andererseits das Lernresultat verbessert. Die Praxisbeispiele für die Vorschule und für den Kindergarten entsprechen diesem Anliegen. Wir nennen sie:

Bewegende Lernspiele

Die Kinder lernen solche Lernspiele im Unterricht und bringen diese nach Hause. Durch das nochmalige Erklären eines Lernspiels durch das Kind zu Hause, aber vor allem durch das wiederholte gemeinsame Üben mit Eltern oder Geschwistern, macht das Lernen für alle Beteiligten Spaß und der Lernerfolg wird vertieft. Diese Idee wird dann im Verlauf der folgenden Schulzeit auf der Unter- und Mittelstufe im regulären Unterricht als

Bewegtes Lernen

systematisch fortgesetzt. Die Kinder werden mit verschiedenen Bewegten Lern- und Übungs-Formen vertraut gemacht und angeleitet, wie sie individuell lernen und üben können. Zu Hause sollten diese Lernaufgaben vertieft werden, denn nur systematisches Üben hinterlässt bleibende „Lernspuren". Damit solche Hausaufgaben jedoch nicht als lästige Pflicht, sondern als freudiges Tun empfunden werden, bietet dieses Buch 121 motivierende Beispiele an. Um diese

Idee zu unterstreichen, nennen wir sie einem kindgemäßen Slogan angepasst

Coole Hausaufgaben

Das Lernen und Üben außerhalb des regulären Unterrichts wird dank all diesen Formen attraktiver, die Motivation wird gesteigert und der Lernerfolg verbessert. Zusätzlich setzen wir einen Akzent auf den Schulweg. Wir sind überzeugt, dass auch die Zeit des Schulweges – sei es auf dem Hin- oder Rückweg – ein weiteres, attraktives Lernfeld bietet. Diesen Überlegungen folgen einige konkrete Beispiele für den

Schulweg als Lernweg

Letztlich versuchen wir, mit einigen Überlegungen und praktischen Beispielen, einen Doppeldecker-Effekt auszulösen: Die Kinder bringen konkrete Bewegungsimpulse für die ganze Familie nach Hause. Wir nennen sie

Coole Sportprojekte

Die Schule kann auch bezüglich Bewegung, Spiel und Sport Impulse vermitteln. Wir stellen einige kleine coole, einfach umzusetzende Beispiele vor.

Bei jedem Spiel gibt es Gewinner und Verlierer. Bei unseren „coolen Hausaufgaben und Sportprojekten" gibt es deshalb nur noch Gewinner. Wetten?

I

Lehren und Lernen

1 Verändertes Umfeld – anderes Lehren und Lernen

In der Schule dreht sich fast alles ums Lehren und Lernen. Wie gelehrt wird, so wird oft auch gelernt. Die Anforderungen an die Schule und den Unterricht sind in den letzten Jahren kontinuierlich gestiegen. Jahrzehntelange, bereits tradierte Abläufe und Inhalte sind heute in Frage gestellt. Das veränderte gesellschaftliche Umfeld bedingt ein anderes Lehren und Lernen. Neue Erkenntnisse aus der Lehr- und Lernforschung sollten in der Praxis umgesetzt werden.

Kinder und Erwachsene bewegen sich zu wenig, leiden unter Stresssymptomen und immer mehr Lehrpersonen beklagen sich über die mangelnde Konzentrationsfähigkeit ihrer Kinder. Die Lebenswelt der Kinder hat sich in den letzten Jahren grundlegend verändert. Die aktuelle Lebenssituation von Kindern und Jugendlichen ist gekennzeichnet durch:

- Vielfältige Freizeitangebote und zunehmende Zeitknappheit
- Allgegenwärtigkeit von Medien
- Große Verfügbarkeit von vorgefertigtem Spielzeug
- Kleinere Familien
- Pluralisierung der Familienformen
- Veränderte Erziehungshaltungen
- Geringe Einbindung in die Berufswelt der Erwachsenen

Die Verfügbarkeit von Spielzeug und technischen, vor allem elektronischen Unterhaltungsgeräten verschiedenster Art, ist für viele Kinder und Jugendliche unvergleichlich größer geworden. Verstärkt ziehen sich Kinder in ihre Wohnungen und Kinderzimmer zurück und beschäftigen sich mit vorstrukturiertem, industriell gefertigtem Spielzeug oder verbringen ihre Zeit am Fernseher, mit Smartphones und Computern. Die digitale Medienwelt ist in einem früher unvorstellbaren Maß allgegenwärtig. Der damit verbundene Ersatz direkter Welterfahrung durch medial vermittelte Bilder und Botschaften ist in seinen Auswirkungen noch kaum abzuschätzen.

Gleichzeitig kann nicht übersehen werden, dass sich dadurch Kindern und Jugendlichen neue, interessante Informations-, Lern- und Unterhaltungsmöglichkeiten eröffnen. Allerdings sind zu oft nur „einsinnige“ Erfahrungen möglich und die für einen gesunden Entwicklungsprozess sehr wichtige physische Bewegung wird vernachlässigt.

Aus Sicht der Neurobiologie bedeutet Lernen, Synapsen zu bilden. Synapsen sind Verbindungen zwischen zwei Nervenzellen. Je größer dieses Netzwerk ist, desto besser kann Lernen stattfinden. Ohne die Synapsen ist eine geordnete Informationsübertragung nicht möglich. Im menschlichen Gehirn hat jede Nervenzelle im Durchschnitt 100 synaptische Kontakte zu anderen Nervenzellen. Beim Lernen werden immer wieder neue synaptische Verbindungen geknüpft, bestehende verändert oder stabilisiert. Je mehr Reize aus der Umwelt das Gehirn durch verschiedene Sinneskanäle aufnehmen muss, desto besser bilden sich diese neuronalen Netzwerke. In den ersten Lebensjahren ist die Fähigkeit, solche Netzwerke zu bilden, erhöht. In diesem Lebensabschnitt ist deshalb die Lernfähigkeit besonders groß. Die neurowissenschaftliche Forschung hat inzwischen bestätigt, dass die Neurogenese (Neubildung von Nervenzellen) durch Bewegung stimuliert werden kann.

Bewegung wird allgemein im Zusammenhang mit physischer Gesundheit genannt. Aber nicht nur der körperliche Stoffwechsel profitiert von regelmäßiger Bewegung, sondern auch der tiefere Stoffwechsel des Gehirns und die Menge der verfügbaren Neurotransmitter werden maßgebend durch körperliche Aktivität beeinflusst. Untersuchungen von Hollmann und Löllgen (2002) haben gezeigt, dass Ausdauertraining die Biosynthese von Serotonin fördert. Serotonin ist ein aus der Aminosäure Tryptophan gebildeter Neurotransmitter. Neurotransmitter sind Überträgermoleküle, die in den Synapsen des Nervensystems Informationen von einer Zelle an eine andere weitergeben. Da Serotonin im limbischen System des Hirns vor allem Gedächtnisfunktionen beeinflusst, ist ein Einfluss auf Lernleistungen naheliegend. Außerdem wirkt Serotonin positiv auf den Stimmungszustand. Jede Lehrperson weiß, dass ein emotional ausgeglichenes Kind leichter lernt. Durch körperliche Arbeit oder Bewegung kann dies beeinflusst werden. Wie sich das auf das Lernen bei Kindern auswirkt, umschreibt Kapitel 2.

2 Bewegt lernen – besser lernen

„Kinder brauchen Bewegung und Abwechslung. Täglich ausreichend Bewegung ist von großer Bedeutung für Lernen und Entwicklung im Kindesalter. Wenn sich beim Lernen Phasen der Spannung und Entspannung sowie der Geistestätigkeit und der körperlichen Bewegung abwechseln, so werden Lernprozesse unterstützt." (Hessisches Ministerium für Soziales und Integration, Hessisches Kultusministerium, 2007).

Die mangelnde Bewegung hat viele Ursachen und nicht nur im medizinischen Bereich angesiedelte, negative Folgen. Dies zeigt das folgende Modell.

Ursachen		Folgen
• Weniger Bewegungsraum	Bewegungsmangel	• Haltungsschwächen und -schäden
• Mehr elektronische Medien		• Geringeres Selbstwertgefühl
• Unbewegtes Freizeitverhalten		• Lernstörungen
• Sitzen (in der Schule)		• Größere Unfallgefährdung
• Zunehmende Bequemlichkeit		• Neigung zu Übergewicht
• Veränderung der Arbeitswelt		• Ungenügende motor. Entwicklung

Modell zu Ursachen und Folgen von Bewegungsmangel

In unserer Interventionsgesellschaft werden vor allem die Folgen bekämpft. Kostengünstiger und effizienter wäre die Bekämpfung der Ursachen durch eine wirksame Prävention! Mit Prävention kann aber nur ein Bruchteil dessen verdient werden, was man mit Intervention finanziell generieren kann. Wohl deshalb wird das Pferd vom Schwanz her aufgezäumt.

Eine Möglichkeit im Rahmen der Prävention in der Schule bietet der Ausbau von Bewegung und Sport. Würde man von den durch Bewegungsmangel verursachten Milliardenkosten Geld im Promillebereich in schulische Präventionsprojekte investieren, dann hätte man in wenigen Jahren einen „return on investment" im Prozentbereich. Neben der medizinisch-prophylaktischen Legitimation gehört Bewegung auch aus Sicht der Kognitionspsychologie in die Schulstube. Bewegende Lern- und Hausaufgaben sind für die Kinder motivierend und können so ein Schlüssel für eine Optimierung von Lernprozessen sein.

In diesem Zusammenhang kommt den Exekutiven Funktionen eine zentrale Rolle zu. Darunter subsumiert sind das *Arbeitsgedächtnis*, die *Inhibition* von Verhalten sowie die *kognitive Flexibilität*. Eine einheitliche, allgemein akzeptierte Definition zu den Exekutiven Funktionen gibt es allerdings nicht (vgl. Kubesch, 2008). Ihnen wird von verschiedenen Autoren eine große Zahl unterschiedlicher kognitiver Kontrollprozesse zugeordnet, die sich wechselseitig beeinflussen. Vor allem in komplexeren Situationen sind die Exekutiven Funktionen gefordert, weil sie für deren Bewältigung die erforderlichen kognitiven Prozesse initiieren (Robbins, 2003; nach Kubesch, 2008).

Je besser das *Arbeitsgedächtnis*, desto leichter kann man zum Beispiel Kopfrechnen oder eine Sprache lernen. Alle geistigen Leistungen, in denen es um die Aufnahme, Verarbeitung und Veränderung von Informationen geht, werden vom Arbeitsgedächtnis übernommen. Daher lässt sich zum Beispiel der Alltagsstress reduzieren, wenn das Arbeitsgedächtnis trainiert wird.

Je höher die *Inhibitionsfähigkeit*, desto besser kann man sich auf ein Ziel konzentrieren, die Ablenkungsgefahr wird deutlich geringer und ein Verhalten kann entsprechend zielorientiert gesteuert werden. Kinder beginnen zum Beispiel mit den Hausaufgaben statt zuerst die Spielkonsole einzuschalten oder regeln einen Konflikt eher verbal statt mit den Fäusten.

Die *kognitive Flexibilität* ermöglicht eine schnelle Einstellung auf neue Situationen. Sich schnell auf veränderte Anforderungen und Lebenssituationen einstellen zu können, ist in einer modernen, pluralistischen Gesellschaft genauso wichtig wie ein Perspektivenwechsel. Offen sein für andere Meinungen, aus Fehlern zu lernen und auf veränderte Lebensumstände zu reagieren, sind für die Entwicklung demokratischer Gesellschaften unumgängliche Fähigkeiten.

Bewegung und Sport fördern die Ausbildung dieser Exekutiven Funktionen nachweislich. Bei den Effekten von körperlicher Aktivität auf die Exekutiven Funktionen unterscheidet man zwischen akuten Trainingseffekten, die sich während der körperlichen Belastung oder direkt danach einstellen und Effekten, die durch ein regelmäßiges Training über mehrere Wochen und eine gesteigerte körperliche Fitness erzielt werden (Flankertest; Hillman et al., 2009; Voss et al., 2011; Chaddock et al., 2012; zit. n. Kubesch, 2014, S. 125). Grundsätzlich lässt sich sagen, dass körperlich fittere Kinder vor allem bei kognitiv anspruchsvolleren Aufgaben besser abschneiden, die Leistungsfähigkeit aufrecht erhalten und die dafür notwendige neuronale Anpassung vornehmen können (Chaddock et al., zit. n. Kubesch, 2014, S. 127). Exekutive Funktionen bilden eine wichtige Basis für erfolgreiche Lernprozesse.

Zusammenfassend kann festgestellt werden, dass Exekutive Funktionen im Kindes- und Jugendalter durch körperliche Betätigung sowohl in Form von akuter körperlicher Belastung als auch von der längerfristig ausgelegten neurophysiologischen Adaption profitieren (Langdon & Corbett, 2011; Theill et al., 2013; zit. n. Kubesch, 2014, S. 130).

Eine ausgeglichene emotionale Gestimmtheit ist ein Garant und eine wichtige Voraussetzung für eine optimale Lernbedingung. Mit bewegenden Lern- (Haus-)Aufgaben können Lehrpersonen den Lernprozess der Kinder optimieren. Wer also auf eine ganzheitliche Entwicklung der Kinder und Jugendlichen Wert legt und das schulische Lernen nachhaltig fördern will, kommt um den gezielten Einsatz der Bewegung als Unterrichtsmittel nicht herum.

Was heißt „Bewegtes Lernen“?

Unter Bewegtem Lernen werden ergänzende Formen des traditionellen Lernens verstanden, bei denen die Bewegung des Körpers in den Lehr-Lern-Prozess mit einbezogen wird. Diese Form des ganzheitlichen Lernens und Übens unterstützt die Idee der Rhythmisierung des Unterrichts, kommt den Interessen der Kinder entgegen, regt zu freudvollem Lernen und Üben an und baut Lernbarrieren ab. Darum empfehlen wir „Bewegtes Lernen“ auch bei den Hausaufgaben, denn Kinder …

- … bewegen sich immer weniger,
- … leiden zu oft an Übergewicht,
- … haben große Mängel in ihren motorischen Grundfähigkeiten,
- … leiden oft an Rückenbeschwerden,
- … verbinden Hausaufgaben häufig mit Mühsal (nach dem Sitzen in der Schule geht's zu Hause oft im gleichen Stil weiter).

Die sich daraus ergebenden Forderungen sind klar und in Fachkreisen unbestritten. Kinder ...

- ... sollten sich täglich vermehrt bewegen,
- ... könnten spielerisches Bewegen als integrierenden Bestandteil der täglichen Hausaufgaben erleben,
- ... sollen durch die „Bewegenden Hausaufgaben" zu täglicher Bewegung angespornt werden,
- ... können dadurch zu regelmäßigen bewegten Verhaltensgewohnheiten motiviert werden (wie z. B. das tägliche Zähneputzen auf einem Bein stehend),
- ... entwickeln die tägliche Bewegung zur eigentlichen Haltung.

3 Tipps zum Einstieg ins Bewegte Lernen

Je länger Kinder im Unterricht sitzend arbeiten müssen, desto öfter signalisieren sie das Bedürfnis nach Wahrnehmungs- und Bewegungsreizen mit Herumrutschen, Räkeln, mit dem Stuhl schaukeln und anderen Unterrichtsstörungen. Lehrpersonen erkennen zwar diese Zeichen, zögern aber trotzdem häufig, mit verändertem Unterricht auf diese Signale zu reagieren. Bei den immer schwieriger werdenden Unterrichtsbedingungen wagen es viele Lehrpersonen nicht, einen Bewegten Unterricht zu realisieren. Die nachfolgenden Tipps sollen helfen, es wenigstens zu versuchen.

Konsequentes Einhalten von Regeln und Strukturen

Für alle Schülerinnen und Schüler sind klare Vereinbarungen und Regeln wichtig. Die Kinder sollen Strukturen (Rituale, räumliche, zeitliche und inhaltliche Aspekte) erfahren, die ihnen Sicherheit geben. Dies gilt ganz besonders für Bewegungsanlässe im Unterricht. Das konsequente Umsetzen von besprochenen und gemeinsam vereinbarten Regeln und abgemachten Strukturen ist die Basis für das erfolgreiche Anwenden beim Bewegten Lernen.
Es ist sinnvoll, das Nichteinhalten von Regeln mit den vorgängig besprochenen Konsequenzen zu ahnden. Regeln gestatten dem einzelnen Kind mehr Freiheit. Auch die Ordnung im Klassenzimmer und am Arbeitsplatz der Schülerinnen und Schüler gehört dazu. Diese Aspekte verhelfen allen am Unterricht Beteiligten zu mehr Sicherheit, Verlässlichkeit und Voraussehbarkeit. Wenn diese Punkte nicht konsequent eingehalten werden, ist das Umsetzen von Bewegtem Lernen mit Risiken verbunden.

Die Bausteine des Lernens bestehen aus Bewegung, Entspannung, Freude, Humor, Interesse, Motivation, Aufmerksamkeit, Energie, Regelmäßigkeit und Wiederholung. Bauen wir aus diesen Bausteinen das Haus des Lernens, die Schule.

Konzentration und Motivation – die wichtigsten Voraussetzungen

Neben der Unterrichtsgestaltung, dem Verhalten von Lehrpersonen und diversen organisatorischen Maßnahmen gilt es vor allem, die Konzentrationsspannweite von Kindern und Jugendlichen in der Schule zu beachten. Nach Aregger (1994) können sich Kinder im Kindergarten und auf der Primarschul-Grundstufe nur ca. 15 Minuten ohne Pause auf eine Begebenheit konzentrieren. Kinder zwischen sieben und zehn Jahren ca. 20 Minuten, Zehn- bis Zwölfjährige schaffen es 25 Minuten und Jugendliche ab 14 Jahren ca. 30 Minuten. Kurze Spiele (vgl. Zopfi, 2010) können dazu dienen, den Unterricht in entsprechend lernrelevante Phasen zu unterteilen. Zudem sollte der Unterricht ab und zu in unterschiedlichen Körperhaltungen stattfinden.

Bewegtes Lernen – leicht gemacht

Die vielen Forschungsergebnisse sollten von Lehrpersonen in der Praxis umgesetzt werden, sonst bleiben sie Makulatur. Um die Bewegung im täglichen Unterricht regelmäßig und bewusst zu integrieren, können die folgenden *zehn goldenen Regeln* nützlich sein:

1. Gemeinsam vereinbarte Regeln konsequent einhalten.
2. Mit wenigen Interventionen beginnen und immer wieder kurze Bewegungspausen einbauen.
3. In einem Fachbereich zwei bis drei Bewegte Lernformen ausprobieren und diese oft wiederholen, bevor sie erweitert werden.
4. Aufgaben auch in einer anderen Position als dem Sitzen ausführen. Dann aus einem Angebot an weiteren Positionen auswählen lassen.
5. Auch im Gehen oder Stehen lesen oder lernen, z. B. auf dem Schulhof oder im Gang des Schulhauses (wie dies in den Kreuzgängen der Klöster oder in den Wandelhallen von Parlamentsgebäuden und Universitäten praktiziert wurde).
6. Kein Tag ohne Bewegung. Unterrichtsmaterialien wie Arbeitsblätter von jedem einzelnen Kind holen lassen und nicht allen zutragen.
7. Das Bewegungsangebot erst erweitern, wenn die Schülerinnen und Schüler mit der neuen Situation umgehen können.
8. Die Kinder bei der Entwicklung neuer Bewegungsideen im Unterricht mit einbeziehen und die Rolle des Spielleiters auch den Schülerinnen und Schülern übertragen.

9. Einen „Teppichbereich“ (Liegelandschaft) im Schulzimmer einbauen, wo die Kinder auf dem Boden arbeiten können.
10. Die Kinder und Eltern auch auf außerschulische Bewegungs- und Sportangebote aufmerksam machen. Bewegte coole Hausaufgaben erteilen – auch im Fachbereich Bewegung und Sport!

Wenn diese „Top Ten“ in der Schule praktiziert werden, steht der Umsetzung von entsprechenden (Bewegenden) Hausaufgaben nichts mehr im Wege! Sie sind ein Mosaikstein im ganzen Gefüge einer Bewegten Schule. Je mehr die Kinder an Bewegtes Lernen, Üben und Leisten in der Schule gewohnt sind, desto einfacher werden sie die coolen Hausaufgaben erledigen.

Mehr kognitive Leistung dank Bewegung

In einer Studie an der Primarschule der Stadt Luzern (Schweiz) wurden die Zusammenhänge von Motivation, Konzentration und der Intervention mit einer täglichen Sport- und Bewegungslektion untersucht. 120 Kinder von der 1. bis zur 6. Klasse absolvierten im Schulhaus Geissenstein während zwei Jahren täglich eine Sport- und Bewegungslektion. Das Pilotprojekt wurde an der Pädagogischen Hochschule Luzern im Jahre 2007 ausgewertet, indem man die Resultate mit einer Kontrollschule verglich. Als Kontrollschule diente ein gleich großes Schulhaus mit gleicher Klassen- und Kinderzahl in einem anderen, vom sozio-kulturellen Hintergrund der Kinder her etwa gleich einzuschätzenden Quartier. Es wurde mittels des Tests d2 die Konzentrationsleistungsfähigkeit gemessen und mit einem am Institut für Lehren und Lernen der PH Luzern entwickelten Fragebogen, die allgemeine Schulmotivation erfragt. Zwischen den beiden Messzeitpunkten lagen sieben Monate (Test d2) bzw. 18 Monate (Schulmotivation). Im Bereich der Konzentration konnte bei der Modellschule mit einer täglichen Bewegungsstunde im Vergleich mit der Kontrollschule eine signifikante Verbesserung der Werte konstatiert werden. Die Schulmotivation lag nach 18 Monaten deutlich höher als bei der Kontrollschule.

Um rund 30% steigerten die Kinder der Modellschule ihre Konzentrationsleistungsfähigkeit gegenüber der Kontrollschule. Weniger deutlich, aber immer noch nachweisbar, verbesserte sich auch die allgemeine Schulmotivation.

Weitere Ergebnisse waren zu einem späteren Zeitpunkt eine Verbesserung der koordinativen Fähigkeiten der Kinder in der Modellschule und gemäß einer Elternbefragung treiben die Kinder, die am

Projekt involviert waren, auch in der Freizeit mehr Sport und halten sich mehr im Freien auf als vor dem Projektstart. Die Jungen, die drei Jahre im Projekt eingebunden waren, wiesen einen signifikant niedrigeren Body-Mass-Index auf als ihre Geschlechtskollegen in anderen Schulhäusern. Dies ist gesamtgesellschaftlich relevant, weil in der Schweiz nach einem Bericht im Tages-Anzeiger vom 29.05.2014 vor allem die Männer (56,6% aller erwachsenen Männer haben einen BMI über 25) zu viele Kilos auf die Waage bringen (39,9% der Frauen). In Deutschland sind gemäß Spiegel-online vom 05.11.2014 62% der Männer und 43% der Frauen zu schwer. In den USA sind sogar 70,9% der Männer übergewichtig und 61,9% der Frauen (Tages-Anzeiger vom 29.05.2014). Übergewichtige Jugendliche bleiben dies mit größter Wahrscheinlichkeit auch als Erwachsene.

Ebenfalls von großer gesellschaftlicher Relevanz ist die Tatsache, dass die Projektkinder bei der täglichen Sportstunde in Luzern nach zweieinhalb Jahren über eine bessere Gleichgewichtsfähigkeit verfügten als Kinder aus anderen Schulhäusern. „Bezogen auf den jeweiligen Bevölkerungsanteil ist die Gruppe der 10- bis 14-Jährigen am häufigsten von schweren Fahrradunfällen betroffen, ..." (Walter et. al., 2012, S. 15). Zurückzuführen ist dieser Umstand unter anderem auf ein mangelhaft entwickeltes Gleichgewichtsgefühl. Mehr Informationen: www.taeglichesportstunde.ch.

Dieter Breithecker (2002) zeigte in seiner Studie über die Lern- und Leistungsfähigkeit von Kindern, dass in einer Bewegten Schule ein hoher Aufmerksamkeitspegel während fünf Lektionen gehalten, ja sogar noch signifikant gesteigert werden konnte, während in einer „normal" geführten Schule bei gleicher Dauer Aufmerksamkeit und Konzentration abnahmen.

Wenn also Bewegung die Gehirndurchblutung, die Bildung von Synapsen und Neurotransmittern begünstigt, dann kann mit Recht behauptet werden, dass ein Mangel an Bewegung das Gegenteil bewirkt und dadurch die Lernleistung negativ beeinflusst wird. Kopfschmerzen, Rückenschmerzen, Konzentrationsschwierigkeiten und weitere teilweise psychosomatische Beschwerdebilder können durch Bewegungsmangel hervorgerufen werden und schränken die Lernleistung ein.

Dutzende von Studien zeigen, dass Kinder durch mehr Bewegung (auch auf Kosten der akademischen Fächer) bessere oder zumindest nicht schlechtere kognitive Lernleistungen erbringen. Dass sie weniger Aggressionen zeigen, über ein höheres Selbstwertgefühl verfügen und ihre Konzentration verbessern. Die Mechanismen, welche zu diesen Resultaten führen, sind noch nicht ganz klar. Für Lehrpersonen dürfte aber vor allem das Fazit wichtig sein: Eine Bewegte Schule bringt allen Beteiligten einen Mehrwert!

„Neben direkten Einflüssen von Bewegung und Sport auf die Struktur des Gehirns, auf kognitive Prozesse und auf die Gehirndurchblutung kann körperliche Aktivität auch Bedeutung haben für Aspekte, die das Lernverhalten beeinflussen. Verschiedene Studien und Projekte weisen auf den Zusammenhang zwischen Bewegung und Motivation, Selbstachtung und Konzentration und deren Einfluss auf die Hirnleistungsfähigkeit hin" (Pühse & Müller, 2005).

4 Bewegende coole Hausaufgaben motivieren

Die meisten Vorschläge für Bewegende coole Hausaufgaben im Unterrichtsalltag sind mit wenig Material umsetzbar. Die Erprobung in der Praxis hat gezeigt, dass viele Kinder auf diese Art mit mehr Motivation an ihre Hausaufgaben herangehen. Wenn mit coolen Hausaufgaben also eine Motivationssteigerung verbunden ist, dann steigt auch die Chance auf einen größeren Lernerfolg, denn letztlich ist die Motivation die Triebfeder für erfolgreiches Lernen. Die Aufgabenstellung muss den individuellen Voraussetzungen angepasst sein, denn ein Hauptaspekt von guten Lern- und Hausaufgaben ist der möglichst individuelle Schwierigkeitsgrad.

Inhalte von Hausaufgaben sollten an den schulischen Stoff anschließen und somit für alle Kinder allein lösbar sein. Leider belegt die Forschungsarbeit von Standop (2013), dass dies vielfach nicht so gehandhabt wird. „Mehr als die Hälfte der Antwortenden stimmt der Ansicht zu, dass Hausaufgaben die Unterschiede der Schülerinnen und Schüler aus den unterschiedlichen sozialen Schichten verstärken. Unter der Prämisse, dass dies tatsächlich so ist, scheint die Ursache dafür nach Ansicht einer ganzen Reihe von Lehrkräften in der mangelnden Unterstützung der Eltern zu liegen – ein Umstand, dem gegenüber die Kinder hilflos ausgeliefert und deshalb ja gerade auf die Hilfe durch die Schule angewiesen sind“ (Standop, 2013, S. 210).

Dass Kinder unter solchen Umständen je länger desto weniger motiviert sind, die Hausaufgaben konzentriert und lustvoll zu erledigen, ist nachvollziehbar. „Dass dabei bereits Grundschulkinder Hausaufgaben beurteilen und unterschiedliche Bewertungskriterien anlegen können, zeigt ihr Antwortverhalten. Dezidiert nehmen sie wahr, inwieweit Aufgaben sich ähneln bzw. monoton werden und wünschen sich in hohem Maß eine Aufgabenvielfalt, die oftmals nicht gegeben zu sein scheint“ (Standop, 2013, S. 212). Dabei gilt es zu beachten, dass Grundschulkinder vergleichsweise konsequenter durch Eltern bzw. Personal der Hausaufgabenbetreuung zur Erledigung der Hausaufgaben angehalten werden als ältere Kinder und Jugendliche. Die Basis für eine erfolgreiche Hausaufgabenpraxis wird im Kindergarten und in der Primarschule gelegt.

Mit Bewegenden coolen Hausaufgaben bietet sich eine Möglichkeit an, den von Kindern und vor allem ihren Eltern geforderten Abwechslungsreichtum der Aufgabenstellungen umzusetzen. Gemäß Standop (2013) ist dies „... ein wichtiges Kriterium für die Freude an der Bearbeitung durch die Kinder". Es gilt also aus tradierten, nicht hinterfragten Hausaufgabenritualen auszubrechen und ein neues Kapitel bei der Planung und Erteilung von Hausaufgaben aufzuschlagen. Dies wäre mit Bewegenden, coolen Hausaufgaben möglich.

II

Eingangsstufe Kindergarten Vorschule

1 Einleitung

Früh übt sich, wer ein (Bewegungs-)Meister werden will!

Während der ersten Lebensjahre sind möglichst viele verschiedene Bewegungserfahrungen ganz besonders wichtig und für die motorische, geistige, emotionale und soziale Entwicklung unersetzlich. Bewegung vermittelt persönliche und soziale Sicherheit, regt alle Sinne an und begünstigt dadurch die Gehirnentwicklung. „Kinder erleben ihren Körper als Zentrum und entdecken die Welt durch ihr Handeln. Vielfältige Bewegungsmöglichkeiten unterstützen ihre gesunde physische und psychische Entwicklung. Mädchen und Jungen ...

- sind aktiv, erproben und üben verschiedene Bewegungsformen,
- verfeinern ihre Bewegungsmöglichkeiten und motorischen Fertigkeiten,
- üben ihre koordinativen Fähigkeiten,
- drücken mit ihrem Körper Gefühle und Empfindungen aus,
- lernen Themen körperlich zu gestalten und darzustellen,
- beginnen mit körperlichen Stärken und Begrenzungen umzugehen,
- lernen vorsichtig zu handeln,
- entwickeln Selbstvertrauen und sind mutig,
- beginnen ihre körperlichen Leistungen mit anderen zu messen.“

(gemäß Lehrplan 21, Schwerpunkte des ersten Zyklus)

Bewegungserziehung ist immer auch Wahrnehmungsschulung. Sowohl das Wahrnehmen der Außenwelt als auch das Wahrnehmen der Innenwelt, also des eigenen Körpers, sind Grundlagen eines jeden Lernprozesses. Somit bildet eine gezielte Bewegungserziehung ein solides Fundament für die Entwicklung des frühkindlichen Lernens und der Intelligenz. Sie ist auch für den Aufbau des logischen Denkens förderlich.

Kinder im Alter zwischen 4 und 6 Jahren sind sehr bewegungsfreudig, neugierig und interessiert, Neues zu erforschen und zu erlernen. Dieser „Lerneifer“ so wie die (Vor-)Freude, wie die größeren Schülerinnen und Schüler Hausaufgaben machen zu dürfen, begünstigen das Gelingen der bewegenden Lernspiele auf dieser

Stufe. Diese sollen mit Begeisterung und freiwillig gelöst werden, Freude wecken und Mut schaffen, Bewegung immer wieder neu und kreativ zu entdecken. Die kindliche Bewegungsfreude und Neugierde ist eine günstige Voraussetzung für Bewegende Lernspiele.

Dank Bewegung wird auch die räumliche und zeitliche Orientierung geschult. Kinder erfahren dank Bewegenden Lernspielen, die allein oder in Partnerarbeit gelöst werden können, früh einiges über die belebte und unbelebte Natur sowie über menschliche Beziehungen. Mit den in diesem Buch vorgeschlagenen Bewegenden Lernspielen, die auch zu Hause ausgeführt werden sollten, erhalten Kinder die Gelegenheit zum gemeinsamen und individuellen Spiel und werden zum Ausprobieren animiert. Viele Vorschläge lassen der Kreativität der Kinder viel Raum. Sie können ungewohnte und neue Sichtweisen entdecken, Wahrnehmungen überprüfen und Bekanntes weiter entwickeln. Die Kinder lernen zu lernen!

Bewegungs-Lernspiele sowohl im Unterricht als auch zu Hause als Hausaufgaben

Beim Ausprobieren der vorliegenden Bewegungs-Lernspiele hat sich gezeigt, dass diese im Kindergarten mit einer entsprechenden Elterninformation besser umzusetzen sind. Zu diesem Zweck empfehlen wir, den Kindern ein Heft abzugeben, in welches die Bewegten Hausaufgaben auf der linken Seite eingeklebt werden. Die rechte Seite kann benützt werden für Zeichnungen der Kinder oder/und für Kommentare der Eltern.

Die Lehrperson bespricht mit den Kindern die jeweiligen Bewegungsaufgaben, die im Kindergarten eingeführt und dann auch zu Hause ausgeführt werden sollen. Die Kinder nehmen ihr Hausaufgabenheft während einer Woche mit nach Hause und haben auch eine Woche Zeit um die Aufgabe zu lösen. Sie lernen wie die „Großen“ bereits eine kleine Agenda zu führen.

1 Buchstaben-Seiltänzer

Schwerpunkt: Balancieren / Buchstaben kennen lernen

Stufe: Eingangsstufe/Kindergarten/Vorschule

Lernziele/Kompetenzen: Mit möglichst wenigen Unterbrechungen über ein Seil balancieren. Miteinander lernen. Gegenseitig Rücksicht nehmen.

Beschreibung: Alle ziehen die Pantoffeln aus. Jedes Kind legt mit dem Seil den Anfangsbuchstaben seines Namens auf den Boden. Dann setzen sich alle Kinder auf den Boden und fahren mit der Hand dem Seil entlang.

- Dasselbe, aber auf allen Vieren kriechen.
- Dasselbe, aber auch mit geschlossenen Augen.
- Die Kinder stehen auf und balancieren auf dem Seil.
- Die Kinder balancieren rückwärts (oder seitwärts) auf dem Seil.

Mit Partner:

- A steht auf das Seil, fasst die Hand von B, schließt die Augen und lässt sich von B ganz langsam führen.
- Die Kinder balancieren über die Anfangsbuchstaben verschiedener Kinder.
- Im Freien: An Stelle des Seiles die Buchstaben mit Kreide zeichnen.

Voraussetzungen: Den Anfangsbuchstaben des eigenen Namens kennen.

Material: Ein Seil oder eine 2 bis 3 Meter lange Schnur.

Tipps für die Durchführung: Das Bewegungslernspiel wird im Unterricht eingeführt und dann zu Hause geübt. Weitere Buchstaben werden auf diese Art eingeführt. Die Lehrperson legt einzelne große Buchstaben auf. Es werden möglichst viele Wiederholungen in Form von leichten Variationen durchgeführt. Dieses Spiel auch im Freien durchführen.

Besonderes: Die Lehrperson übt, wenn nötig, mit den Kindern das Schreiben des Anfangsbuchstabens des eigenen Namens. Allmählich können auch weitere Buchstaben einbezogen werden.

Und wie war's zu Hause? Die Kinder, die das Buchstaben-Seilspiel zu Hause mit anderen durchgeführt haben, berichten darüber.

2 Körper-Ziffern

Schwerpunkt: Körperbewusstsein / Kenntnis von Ziffern **Stufe:** Eingangsstufe/Kindergarten/Vorschule

Lernziele/Kompetenzen: Verschiedene Ziffern anhand von Bewegungsformen erleben. Verbessern des eigenen Körpergefühls.

Beschreibung: Das Kind legt mit seinem Seil eine Ziffer auf den Boden. Dann versucht es, die jeweilige Ziffer mit dem eigenen Körper darzustellen.

- Wer seine Ziffer richtig dargestellt hat und sie kennt, wählt eine neue.
- Jedes Kind sucht sich eine Ziffer aus und zeigt diese dann im Kindergarten den anderen Kindern vor.
- Wer die Ziffern schon gut kennt, kann diese bis neun erweitern.
- Die Ziffern entweder im Stand oder liegend darstellen.
- Mit Partner: A darf mit dem Körper von B eine Ziffer formen. Findet B heraus, um welche Ziffer es sich dabei handelt?
- Zwei Kinder stellen gleichzeitig miteinander die gleiche Ziffer dar.
- Gelingt dies sogar wie in einem Spiegel spiegelbildlich?

Voraussetzungen: Die Kinder kennen bereits einige Ziffern. Wenn nicht, dann können sie diese mit diesem Körperziffern-Spiel auf spielerische Weise kennen lernen.

Material: Ein Seil aus dem Kindergarten oder eine 2 bis 3 Meter lange, dicke Schnur.

Tipps für die Durchführung: Wer die Ziffern noch nicht genügend kennt, darf von einem anderen Kind oder von einer älteren Person unterstützt werden. Auf einer Tafel, einem Blatt oder als einzelne große, ausgeschnittene Lettern die Ziffern eins bis neun darstellen.

Besonderes: Rücksicht auf den Kenntnisstand der einzelnen Kinder nehmen. Dieses Spiel eignet sich gut, einzelne Ziffern kennen und darstellen zu lernen.

Und wie war's zu Hause? Die Kinder dürfen das Körperziffern-Spiel zu Hause mit den Eltern oder Geschwistern üben und am anderen Tag darüber berichten.

3 Zwerg Hüpf

Schwerpunkt: Aufmerksamkeit / Reaktion

Stufe: Eingangsstufe/Kindergarten/Vorschule

Lernziele/Kompetenzen: Die Kinder richten ihre Aufmerksamkeit auf ein bestimmtes Wort. Wenn das Wort erkannt ist, werden verschiedene Hüpfarten ausgeführt.

Beschreibung: Jemand liest die Geschichte vor. Beliebig viele Kinder dürfen mitmachen. Jedes Mal, wenn das Wort hüpfen (auch abgeleitet wie Hüpf, Hüpfine usw.) zu hören ist, hüpfen die Kinder in die Luft.

- Verschiedene Hüpfarten ausführen: Auf beiden Beinen oder auch auf einem Bein hüpfen.
- Ein Kind zeigt eine Hüpfform vor, und alle anderen machen diese nach.
- Wer beim richtigen „Hüpfwort" nicht hüpft, soll zweimal hüpfen oder sich einmal schnell auf den Boden legen.
- Wer hüpft, obwohl kein „Hüpfwort" vorkommt, muss zweimal in die Hände klatschen oder zweimal in die Hocke gehen.
- Die Kinder können während dem Erzählen frei im Raum herum gehen. Beim Hüpfwort bleiben sie kurz stehen, hüpfen und gehen dann wieder weiter.

Voraussetzungen: Keine.

Material: Geschichte von Zwerg Hüpf (siehe rechts).

Tipps für die Durchführung: Die Geschichte wird mehrmals vorgelesen. Die Kinder versuchen, die Geschichte nachzuerzählen.

Besonderes: Die Geschichte wird zuerst im Kindergarten vorgelesen. Dann lernen die Kinder gegenseitig oder mit Unterstützung der Lehrperson verschiedene Hüpfarten.

Und wie war's zu Hause? Wer konnte die Geschichte zu Hause erzählen?

Der Zwerg Hüpf wohnt mit seiner Familie am Waldrand unter einer großen Wurzel. Eine ganz normale Zwergenfamilie, könnte man meinen. Wenn nur das Hüpfen nicht wäre. Keiner kann stillstehen, jeder hüpft ständig auf und ab. Die Zwergenkinder wiegen hüpfend ihre Moospuppen, spielen hüpfend mit Nüssen Fußball, sie gehen sogar hüpfend in die Zwergenschule. Dort hüpfen sie an ihren Plätzen. Die Frau von Zwerg Hüpf, Hüpfine, erledigt den Zwergenhaushalt ebenfalls im Hüpfen. Sie wischt hüpfend den Staub von den winzigen Möbeln der Zwerge, hängt hüpfend die Wäsche auf, und sogar beim Kochen hüpft sie immer wieder. Aber es ist gar nicht so einfach, im Hüpfen die Hausarbeiten zu erledigen. Auch Zwerg Hüpf hüpft ständig. Eigentlich ist er an der ganzen Hüpferei Schuld oder besser gesagt, sein Ur-Urgroßvater. Dieser nämlich kam mit einem fürchterlichen Schluckauf auf die Welt und jedes Mal, wenn er einen Hickser machen musste, hüpfte er in die Luft! Der Schluckauf und das Hüpfen begleiteten den Armen durch sein ganzes Leben. Zum Glück vererbte er nur das Hüpfen weiter, also seinem Sohn und dieser wieder seinem Sohn – bis dann halt der Zwerg Hüpf geboren wurde. Die Zwerg-Hüpf-Familie hat sich schon längst an das Hüpfen gewöhnt. Für sie wäre es wahrscheinlich komisch, wenn einer von ihnen plötzlich nicht mehr hüpfen würde! (Regula Cimenti, 2015)

4 Schnipp-Schnapp

Schwerpunkt: Kreativität / Bewegungserfahrungen

Stufe: Eingangsstufe/Kindergarten/Vorschule

Lernziele/Kompetenzen: Die Kinder finden gemeinsam lustige Bewegungen heraus. Sie kooperieren und nehmen auf andere Kinder Rücksicht.

Beschreibung: Ein Kind fragt ein anderes nach einer Zahl zwischen Eins und Acht. Es öffnet und schließt dann das Schnipp-Schnapp so oft und hält dann der Person die nun sichtbaren Farbpunkte hin. Eine Farbe wird ausgewählt und das Kind hebt das entsprechende Dreieck hoch, um zu sehen, welche Zahl darunter steht. Auf der Liste schauen sie gemeinsam nach, was wie oft ausgeführt werden muss. Wenn das Schnipp-Schnapp einige Male im Kindergarten gespielt wurde, kennen die Kinder die Bewegungen auswendig und können dann das Spiel auch zu Hause mit Gleichaltrigen, mit den Eltern oder Geschwistern spielen.

Voraussetzungen: Die Kinder können mit den Händen die Schnipp-Schnapp-Bewegung ausführen.

Material: Papier; Stifte; Schnipp-Schnapp-Spiel (im Kindergarten hergestellt).

Tipps für die Durchführung: Gemeinsam werden acht lustige Bewegungen ausprobiert und festgelegt. Die Lehrperson erstellt eine Liste der gemeinsam gefundenen, lustigen Bewegungen und zeichnet einfache Piktogramme dazu. Die Schnipp-Schnapp-Bewegung im KG üben.

Besonderes: Die Lehrperson leitet das Falten des Schnipp-Schnapp-Spiels an. Danach malen die Kinder acht verschieden farbige Punkte auf die Dreiecke des gefalteten Spiels. Auf die Innenseite schreiben sie die Ziffern Eins bis Acht (mit Vorlage).
https://www.youtube.com/watch?v=PoBpoHsUoHE

Und wie war's zu Hause? Die Kinder dürfen erzählen, wie sie das Schnipp-Schnapp-Spiel zu Hause erlebt haben und zeigen eventuell neue lustige Bewegungen, die sie herausgefunden haben.

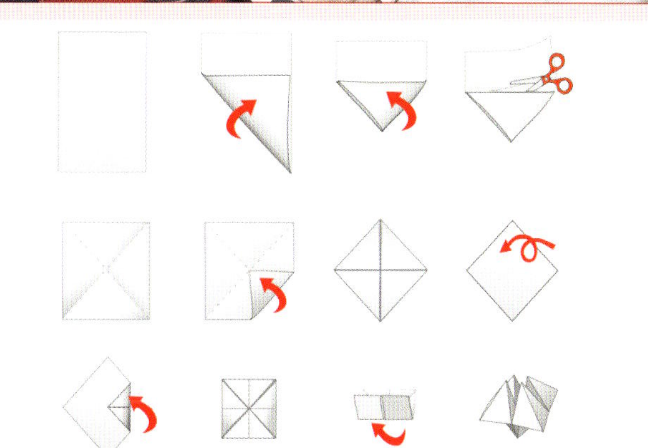

5 Wer schafft den Dreh?

Schwerpunkt: Geschicklichkeit

Stufe: Eingangsstufe/Kindergarten/Vorschule

Lernziele/Kompetenzen: Die Kinder reagieren schnell und üben, ihre Kraft richtig einzusetzen.

Beschreibung: Jeweils zwei Kinder spielen miteinander. Beide haben je fünf Bierdeckel. Diese werden so auf den Tisch oder auf den Boden gelegt, dass fünf Vorder- und fünf Rückseiten zu sehen sind (fünf rote und fünf blaue Deckel).

Beispiel: A gehört die Farbe Rot, B die Farbe Blau.

Auf das Startzeichen versuchen nun die beiden Kinder, die gegnerischen Deckel auf die eigene Seite (eigene Farbe) zu drehen. Also A nimmt alle blauen Deckel und dreht sie auf Rot, B dreht alle roten Deckel auf blau. Wer hat nach einer bestimmten Zeit mehr Deckel in seiner Farbe?

Voraussetzungen: Keine.

Material: Fünf Bierdeckel oder Kartonrondellen pro Kind. Jede Rondelle hat eine Farbe auf der Vorderseite (Beispiel: rot) und eine andere Farbe (Beispiel: blau) auf der Rückseite.

Tipps für die Durchführung: Wenn die Gegenstände verschieden groß sind, wird das Drehen schwieriger.

Besonderes: Das Spiel im Kindergarten einführen und einige Male üben.

Und wie war's zu Hause? Wer durfte zu Hause dieses Spiel durchführen? Wer hat mitgemacht? Wie war es?

6 Pie – Pa – Pie

Schwerpunkt: Motorik und Sprache

Stufe: Eingangsstufe/Kindergarten/Vorschule

Lernziele/Kompetenzen: Die Kinder können einen Bewegungs-Vers mit einer anderen Person durchführen.

Beschreibung: Ein Kind wählt eine Zahl zwischen Eins und Zehn, zum Beispiel die Sechs. Der Vers beginnt mit: Sechs von meinen Fingern (siehe rechts).

Während des Sprechens werden Bewegungen ausgeführt.
- Den Vers wiederholen und bei der Wahl der Anzahl Finger immer einen weniger nehmen, also fünf, vier, drei, ...
- Beim nächsten Mal mit einer anderen Zahl beginnen. Je höher die Anfangszahl ist, desto mehr Wiederholungen ergeben sich.
- Zum Aufsagen stehen.
- Während des Aufsagens umhergehen.
- Während des Aufsagens immer wieder die Körperhaltung wechseln.

Voraussetzungen: Die Kinder kennen den Vers und die Bewegungen dazu.

Material: Vers (siehe rechts).

Tipps für die Durchführung: Behutsam Schritt für Schritt vorgehen, je nach Lerntempo der Kinder.

Besonderes: Der Vers wird im Kindergarten eingeführt und wiederholt geübt.

Und wie war's zu Hause? Die Kinder versuchen, jemandem zu Hause den Vers und die Bewegungen beizubringen. Die Kinder, die es versucht haben, berichten am kommenden Tag im Unterricht darüber.

Sechs von meinen Fingern
tanzen herum
(Sechs Finger bewegen)
Beide meine Hände klatschen bum.
(einmal klatschen)

Eins, zwei, pie pa pie,
(Bei jedem Wort klatschen)
jetzt leg ich sie aufs Knie.
(Hände auf die Knie legen)

Sie streichen zurück und vor,
zurück und vor
(Hände streichen vom Knie gegen Körper)
und packen schnell das Ohr.
(Hände packen je ein Ohr)

Sie rutschen sanft die
Schultern runter.
(Hände rutschen über die Schultern)
fahren über Brust und Bauch
ganz munter.
(Hände fahren über Brust und Bauch)

Wohin, das weißt du eh,
platsch, da landen sie auf
dem Zeh!
(Hände patschen auf die Zehen)

(Regula Cimenti 2015)

7 Tischlein deck dich

Schwerpunkt: Feinmotorik/Verhaltensregeln am Tisch

Stufe: Vorschule/Kindergarten

Lernziele/Kompetenzen: Die Kinder setzen sich aktiv und eigenständig mit der Umwelt auseinander. Sie lernen, kleine Arbeiten im täglichen Leben auszuführen.

Beschreibung: Die Kinder bekommen folgenden Auftrag: Decke den Tisch für das Mittag- oder Abendessen!

Dabei gehst du wie folgt vor:
- Nimm einen Teller aus dem Schrank und stelle ihn auf den Tisch!
- Hole dann einen Teller nach dem anderen, genauso viele, wie Personen mitessen!
- Leg das Besteck einzeln dazu!
- Stell die Gläser ebenfalls einzeln dazu!
- Einmal mit der linken, dann wieder mit der rechten Hand.

Die Kinder haben also immer nur einen Gegenstand in der Hand. Auf die gleiche Weise wird der Tisch auch wieder abgeräumt.

Voraussetzungen: Die Kinder wissen, wie ein Tisch richtig gedeckt wird.

Material: Geschirr, Besteck, Gläser, Servietten.

Tipps für die Durchführung: Am Anfang benötigt das Kind vielleicht Hilfe einer älteren Person, von Eltern oder Geschwistern. Das Vertrauen der Eltern stärkt das Selbstvertrauen der Kinder!

Besonderes: Die Aufgabe wird im Kindergarten besprochen und gemeinsam geübt.

Und wie war's zu Hause? Die Kinder dürfen am anderen Tag erzählen, wie sie das Tischdecken erlebt haben.

8 Würfelaugen

Schwerpunkt: Fantasie/Bewegungsvielfalt/Ehrlichkeit

Stufe: Vorschule/Kindergarten

Lernziele/Kompetenzen: Die Kinder üben verschiedene Bewegungsformen. Sie einigen sich gemeinsam auf einen Vorschlag. Sie spielen ehrlich.

Beschreibung: Es dürfen beliebig viele Kinder teilnehmen. Ein Kind würfelt mit einem großen Würfel. Je nach Augenzahl bewegen sich alle gemeinsam gemäß der vereinbarten Bewegungsform. Es wird eine Sechs gewürfelt. Das heißt: Sechsmal die Hampelmann-Bewegung ausführen.

- Alle Kinder haben einen eigenen Würfel. Alle würfeln für sich und schauen auf der Liste nach, welche Bewegung ausgeführt werden muss.
- Die Kinder dürfen für jede Augenzahl eine eigene Bewegungsform vorschlagen.
- Allen Kindern wird eine Augenzahl zugeteilt. Wenn diese Zahl beim Würfeln erscheint, zeigt das betroffene Kind eine eigene Bewegung vor.
- Mit zwei Würfeln gleichzeitig würfeln mit entsprechend mehreren Wiederholungen.
- Auch als Wettbewerb: Wer hat zuerst alle sechs Bewegungen gemacht? Die Bewegungen auf einer Liste abstreichen.

Voraussetzungen: Die Kinder kennen die Würfelbilder von eins bis sechs.

Material: Würfel (groß, Schaumstoff), Bewegungsliste.

Tipps für die Durchführung: Zu Beginn einen großen Schaumstoffwürfel verwenden. Das Würfelspiel schrittweise erarbeiten und den Kindern zusehends mehr Eigenverantwortung übergeben.

Besonderes: Das Spiel wird im Kindergarten gemeinsam erarbeitet. Die Kinder erfinden sechs Bewegungen. Die Lehrperson ordnet sie den Ziffern Eins bis Sechs zu und erstellt die entsprechende Liste mit beschrifteten Piktogrammen.
Beispiel: Augenzahl 6 = 6x den Hampelmann machen.

Und wie war's zu Hause? Wer kann über das Würfelspiel zu Hause erzählen? Welche weiteren Würfelspiele kennt ihr von zu Hause?

9 Zeichnungs-Handharmonika

Schwerpunkt: Bildnerisches Gestalten

Stufe: Vorschule/Kindergarten

Lernziele/Kompetenzen: Die Kinder lernen, mutig und ohne lang zu überlegen zu zeichnen.

Beschreibung: Alle Kinder sitzen an einem Tisch und haben ein Blatt Papier vor sich. Auf das Zeichen zum Beginn zeichnen alle einen Kopf zuoberst auf das Blatt. Wer fertig ist, faltet den Kopfteil nach hinten. Sobald alle wieder eine weiße Fläche vor sich haben, wechseln alle reihum den Platz. Dabei lassen sie ihr Blatt auf dem Tisch liegen.

Als nächstes zeichnen alle einen Körper mit Armen, dann ...
- das Blatt jeweils nach hinten falten,
- das Blatt auf dem Tisch liegen lassen,
- den Platz reihum wechseln.

So geht es weiter bis zu den Füßen. Nach dem letzten Platzwechsel dürfen alle das Blatt, welches vor ihnen liegt, auseinanderfalten. Sicher sind lustige Menschen entstanden.

Dasselbe Spiel wird auch mit anderen Motiven durchgeführt: Mit Tieren oder mit Blumen.

Voraussetzungen: Die Kinder kennen einige Körperteile des Menschen oder sie lernen sie mit diesem Zeichnungsspiel kennen.

Material: Zeichenblätter, Zeichen- und Schreibmaterial, evtl. großes Bild eines Menschen.

Tipps für die Durchführung: Es können verschiedene Sitzgelegenheiten um den Tisch verteilt werden. Das Spiel kann aber auch ohne Tisch und Stühle auf dem Boden durchgeführt werden oder auch an einem Tisch ohne Sitzgelegenheiten.

Besonderes: Die Aufgabe wird im Kindergarten besprochen. Zuerst wird allein, dann in kleinen Gruppen geübt. Wer versucht es einmal zu Hause mit seinen Geschwistern, mit den Eltern oder mit anderen Kindern?

Und wie war's zu Hause? Wenn ein Kind zu Hause dieses Zeichenspiel mit anderen Kindern, mit den Eltern oder mit Geschwistern erlebt hat, dann darf es darüber berichten.

10 Ziel-Spicken

Schwerpunkt: Feinmotorik der Hände / Rücksichtnahme

Stufe: Vorschule/Kindergarten

Lernziele/Kompetenzen: Die Kinder üben koordinative Fähigkeiten und verfeinern die motorischen Fertigkeiten. Sie nehmen Rücksicht auf andere.

Beschreibung: Gespielt wird allein oder in Kleingruppen: Ein Zielgegenstand (z. B. eine Schatzkiste) wird auf den Boden gelegt. Die Mitspielenden setzen sich vier bis fünf Meter entfernt hin und legen drei Knöpfe in einem Dreieck vor sich auf den Boden.

- A kickt mit einem Finger den hintersten Knopf zwischen den beiden anderen durch.
- B kickt den Knopf, der jetzt zuhinterst ist, wieder zwischen die beiden anderen.
- C kickt den Knopf, der jetzt zuhinterst liegt, wieder zwischen die beiden anderen.

So wird abgewechselt, bis einer der Spielenden die Schatzkiste trifft. Wer gewonnen hat, darf das Zielobjekt an eine andere Stelle legen und wieder als A beginnen.
Dieses Spiel kann auch alleine gespielt werden.

Voraussetzungen: Minimale Fingerfertigkeit.

Material: Spielsteine und ein Zielgegenstand (Schatzkiste, Bleistift).

Tipps für die Durchführung: An Stelle von Knöpfen kann man auch Steine, Karton-Chips, Muscheln, Radiergummis, Münzen oder Ähnliches verwenden. Je kleiner die drei Spielobjekte sind, desto schwieriger ist es, den Gegenstand zu treffen.

Besonderes: Die Aufgabe wird im Kindergarten besprochen und geübt. Jedes Kind versucht, dieses Spiel zu Hause mit anderen Kindern, Geschwistern oder mit den Eltern zu spielen.

Und wie war's zu Hause? Kinder, die das Spiel zu Hause durchführen konnten, dürfen über ihr Erlebnis berichten.

11 Zahnputz-Akrobatik

Schwerpunkt: Koordination / Hygiene / Kooperation

Stufe: Koordination/Hygiene/Kooperation

Lernziele/Kompetenzen: Die Kinder können während des Zähneputzens verschiedene einfache Zusatzbewegungen ausführen oder unterschiedliche Körperhaltungen einnehmen.

Beschreibung: Während die Kinder ihre Zähne im Stehen putzen, verlagern sie ihr Gewicht auf einen Fuß und bewegen mit der Fußsohle des anderen Fußes auf dem Boden einen Ball oder einen anderen Gegenstand (Fuß wechseln).

- Gelingt es, die Zähne zu putzen und gleichzeitig nur auf einem Bein zu stehen?
- Zu zweit: Beide einigen sich auf eine Zusatzbewegung oder Zusatzposition während des Zähneputzens. Nun beginnen beide gleichzeitig. Wer kann die Position länger halten, ohne das Gleichgewicht zu verlieren?
- Alle Kinder dürfen eine eigene Zusatzbewegung zum Zähneputzen vorzeigen, alle anderen versuchen, diese nachzumachen.

Voraussetzungen: Die Kinder können einerseits ihre Zähne korrekt putzen und andererseits einfache Gleichgewichts-Bewegungsaufgaben ausführen.

Material: Zahnbürste. Zahnpasta. Eventuell eine Sanduhr. Verschiedene Bälle: Tennisbälle, Tischtennisbälle, Golfbälle, aufblasbare Bälle.

Tipps für die Durchführung: Verschiedene Größen und unterschiedliche Beschaffenheiten der Bälle machen diese Übung noch abwechslungsreicher. Jedes Kind entscheidet sich für eine Zusatzübung beim Zähneputzen und zeigt diese zu Hause jemandem vor.

Besonderes: Die Kinder lernen und üben im Unterricht während des Zähneputzens verschiedene Zusatz- und/oder Balanceübung mit einem Ball und mit anderen Gegenständen. Die Lehrperson motiviert die Kinder für das tägliche Zähneputzen mit Zusatzaufgaben.

Und wie war's zu Hause? Wer konnte zu Hause jemanden für dieses Zusatzspiel zum Zähneputzen begeistern? Wer konnte es am besten? Am längsten? Wie hast du es gemacht?

12 Türschwellen-Spiele

Schwerpunkt: Erinnerungsvermögen / Selbstständigkeit

Stufe: Eingangsstufe/Kindergarten

Lernziele/Kompetenzen: Wenn die Kinder über eine Türschwelle gehen, stellen sie sich eigene Bewegungsaufgaben. Sie lernen, sich zu erinnern.

Beschreibung: Das Kind führt jedes Mal, wenn es über eine Türschwelle tritt, eine ganz bestimmte Bewegung aus.

- Die Kinder vereinbaren, was bei welcher Türschwelle ausgeführt werden muss. Anfänglich hängt an jeder Türe eine entsprechende Bewegungsskizze (Strichmännchen).
- Jedes Kind darf selber wählen, durch welche Türe es eintreten will. Es muss jedoch immer die vorgegebene Bewegungsaufgabe ausführen.
- Im Verlauf der Zeit werden die Bewegungsvorgaben (Skizzen) an einzelnen Türen abgedeckt oder umgedreht. Wer weiß noch, was bei dieser oder jener Türe zu tun ist?
- Auch zu zweit, aber ohne Bewegungsvorgaben: A darf bei der ersten Türe sagen, was gemacht werden muss, B bei der nächsten.

Voraussetzungen: Verschiedene Türen. Türschwellen können auch in Form von Gegenständen markiert werden.

Material: Türen. Eigene Türen bauen mit Stühlen, großen Topfpflanzen oder Papierkörben.

Tipps für die Durchführung: Die Anzahl der Türen wird behutsam erhöht. Dadurch wird die Anforderung an das Erinnerungsvermögen gesteigert, ohne die Kinder zu überfordern.
Die Kinder zeichnen Skizzen (Strichmännchen) und nehmen diese nach Hause. Dort werden diese Skizzen aufgehängt. Alle Personen, welche durch diese Türe gehen, sind eingeladen, die gezeichnete Übung in freiwillig gewählter Anzahl auszuführen.

Besonderes: Die Anzahl der Türen anfänglich tief halten und erst dann langsam steigern.

Und wie war's zu Hause? Haben die Eltern und Geschwister mitgemacht? Hast du die Übungen immer gemacht? Musstest du auf die Skizzen schauen, oder kanntest du die Bewegungsaufgaben auswendig?

13 Krebsgang

Schwerpunkt: Stützkraft/Koordination

Stufe: Eingangsstufe/Kindergarten

Lernziele/Kompetenzen: Die Kinder üben den Krebsgang mit dem Ziel, sich einige Meter in dieser Position vorwärts zu bewegen, ohne absitzen zu müssen. Kräftigung der Schulter-, Rumpf- und Beinmuskulatur.

Beschreibung: Die Kinder transportieren verschiedene Materialien im Krebsgang: Ein Heft, einen Pantoffel, einen Zeichnungsstift, ein Blatt Papier.

- Ein Kind würfelt zum Beispiel eine Vier. Nun räumt es zu Hause in seinem Zimmer oder im Schulzimmer vier Sachen auf, in dem es die Dinge einzeln auf dem Bauch an die richtige Stelle transportiert.
- Ein Kind würfelt zum Beispiel eine Drei. Jetzt transportiert es drei Gegenstände gleichzeitig durch das Zimmer und versorgt die Dinge am richtigen Ort.
- Ein Kind legt die Kleider, die es anziehen möchte, auf seinen Bauch und transportiert diese im Krebsgang von seinem Zimmer bis ins Badezimmer.
- Wenn sich ein Kind noch nicht zu stützen vermag, dann setzt es sich nach jeweils zwei Schritten wieder.
- Wer kann sich im Krebsgang rückwärts fortbewegen?
- Auch als Krebsgang-Wettlauf oder Boden-Fußballspiel durchführen.
- Kinderideen aufnehmen und umsetzen.

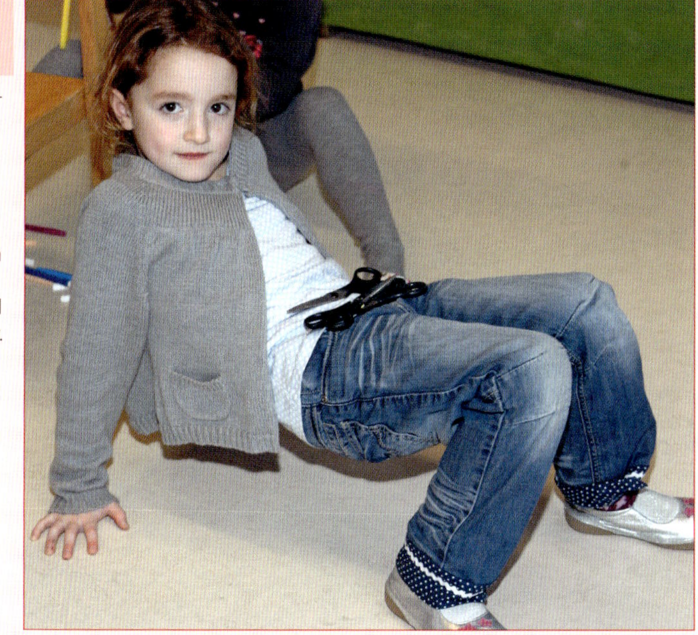

Voraussetzungen: Genügend Kraft in Rumpf, Armen und Beinen. Minimale Bewegungskoordination.

Material: Beliebig.

Tipps für die Durchführung: Wer noch nicht kräftig genug ist, setzt sich zwischendurch auf den Boden und passt dabei gut auf, dass möglichst nichts von der Ladung von seinem Bauch auf den Boden fällt. Die Schwierigkeiten behutsam steigern.

Besonderes: Der Krebsgang kann gut in der Sportstunde oder im Freien geübt werden. Wenn die Kinder die Bewegung beherrschen, macht es sicher Spaß, im Kindergarten mittels Krebstransport aufzuräumen.

Und wie war's zu Hause? Jedes Kind erzählt, was es wohin im Krebsgang transportiert hat. Was war das Schwierigste? Was war das Einfachste?

14 Schneller Kleiderwechsel

Schwerpunkt: Koordination/Reaktion

Stufe: Eingangsstufe/Kindergarten

Lernziele/Kompetenzen: Die Kinder lernen, sich in kurzer Zeit richtig umzuziehen.

Beschreibung: Dieses Spiel mit mehreren Kindern durchführen.
Es wird vereinbart, dass genau das gemacht werden muss, was auf der Liste (siehe rechts) nach einem Wurf verlangt wird.
Das erste Kind würfelt eine Zahl, zum Beispiel eine Drei. Jetzt ziehen alle ganz rasch ein Kleidungsstück aus.
Ein weiteres Kind würfelt. Entsprechend der Würfelzahl wird die gemeinsam vereinbarte Bewegung ausgeführt.
Das Spiel endet, wenn das erste Kind nur noch in der Unterwäsche dasteht.

Voraussetzungen: Die Kinder sind in der Lage, sich selbstständig ohne Hilfe an- und auszuziehen und die Schuhe selber zu schnüren.

Material: Würfel, eigene Kleider

Tipps für die Durchführung: Im Kindergarten wie auch zu Hause können zwei oder mehrere Gruppen gegeneinander antreten. Welche Gruppe ist schneller? Es ist auch möglich, das Spiel mit zusätzlichen Kleidern und oder Tüchern so lange zu spielen, bis die eigenen Kleider wieder zum Vorschein kommen.

Besonderes: Wenn dieses Spiel am Anfang des Schuljahres eingeführt wird, trägt es dazu bei, dass im Sport- wie auch im Schwimmunterricht weniger Zeit für das Umziehen gebraucht wird und so mehr Zeit für die Bewegung bleibt.

Und wie war's zu Hause? Hat jemand zu Hause bei diesem Spiel vor dem zu Bett gehen mitgemacht? Und wer stand zuerst nur noch in der Unterwäsche da? Habt ihr weitere eigene Spielregeln vereinbart?

1 1 Kleidungsstück ausziehen
2 Vereinbarte Bewegung ausführen
3 1 Kleidungsstück ausziehen
4 1 Kleidungsstück anziehen
5 5x Hampelmann springen
6 Freie Wahl für alle: An- oder ausziehen oder 5x Hampelmann ausführen.

15 Einbein-Rechner

Schwerpunkt: Zahlen und Zählen lernen

Stufe: Eingangsstufe/Kindergarten

Lernziele/Kompetenzen: Die Kinder schulen ihren Gleichgewichtssinn und üben dabei spielerisch das Zählen.

Beschreibung: Eine wichtige mathematische Grundlage ist das Kennen der Zahlen und das Zählen. Verbunden mit dem Stehen auf einem Bein und dem Balancieren eines kleinen Kissens auf dem Kopf, wird zusätzlich der Gleichgewichtssinn geschult und zugleich das Zählen automatisiert. Je nach Können wird von 1–10, 1–20 oder noch weiter gezählt. Wer schafft das, ohne das Gleichgewicht zu verlieren?

- Bei jeder (zweiten) Zahl in die Hände klatschen.
- Zuerst vorwärts, dann rückwärts zählen.
- Nur rückwärts zählen.
- Nach jedem Durchgang das Bein wechseln.
- Wer wagt es auch mit geschlossenen Augen?
- Eigene Ideen?

Voraussetzungen: Die Kinder können bis zehn zählen und das Gleichgewicht auf einem Bein während einigen Sekunden halten.

Material: Kissen oder sonst irgendein weicher Gegenstand.

Tipps für die Durchführung: Nachdem alle Kinder die Idee verstanden haben und die Übung kennen, sollten sie möglichst oft zu zweit üben.

Besonderes: Im Bewegungsunterricht häufig spielerische Gleichgewichtsübungen einbauen.

Und wie war's zu Hause? Die Kinder erzählen: Wie war's zu Hause? Konntest du es besser als deine Eltern?

16 Halb oder ganz so groß wie ich?

Schwerpunkt: Zahlen – Zählen – Größen

Stufe: Eingangsstufe/Kindergarten

Lernziele/Kompetenzen: Die Kinder vergleichen auf dem Schulweg Gegenstände mit ihrer eigenen Körpergröße. Sie lernen, ihre Umwelt bewusst wahrzunehmen.

Beschreibung: Mit dem genauen Beobachten diverser Gegenstände lernen die Kinder zudem, ihre Körpergröße einzuschätzen und bekommen einen besseren Bezug zu sich selbst und zu ihrer direkten Umwelt. Das Zählen lernen ist ein Bestandteil des Kindergarten-Unterrichts und kann so in Bewegung spielerisch geübt werden. Mit dem Aufzählen der Gegenstände im Unterricht ist einerseits die Kontrolle der Hausaufgabe durch die Lehrperson verbunden, anderseits schult das Kind sein Erinnerungsvermögen.

- Findest du zehn Gegenstände, die halb so groß sind wie du?
- Findest du zehn Gegenstände, die genau so groß sind wie du?
- Findest du zehn Gegenstände, die ...? (Ideen von Kindern!).

Voraussetzungen: Die Kinder können bis zehn zählen.

Material: Gegenstände im Schulzimmer, auf dem Schulweg oder/und zu Hause.

Tipps für die Durchführung: Dieses Vergleichsspiel kann gut im Unterrichtsraum eingeführt werden. Dafür werden verschiedene Gegenstände auf- bzw. hingestellt, an denen die Kinder vorbeigehen und dann mit ihrer Körpergröße vergleichen.

Besonderes: Kinder auf die Sicherheit und auf bereits bekannte Verhaltensregeln auf der Straße aufmerksam machen.

Und wie war's zu Hause? Kannst du die Gegenstände auch deinen Eltern und Geschwistern aufsagen? Wer kann sie auch in der Schule aufzählen?

17 Feldstecher

Schwerpunkt: Merkfähigkeit / Orientierungsfähigkeit / Vertrauen

Stufe: Eingangsstufe/Kindergarten

Lernziele/Kompetenzen: Gegenseitig Vertrauen aufbauen. Sich Gegenstände merken und sich in einem Raum orientieren können.

Beschreibung: Zu zweit: A hält sein selbst gebasteltes Fernrohr in der Hand und schließt die Augen. B führt A mit beiden Händen an den Schultern vorsichtig und langsam durch den Raum und bleibt dann vor einem Objekt (Stuhl, Türfalle, Blumenstrauß, Pflanze usw.) stehen. A setzt sein Fernrohr auf, öffnet erst jetzt die Augen und merkt sich den Gegenstand. Sobald sich A den Gegenstand gemerkt hat, schließt es wiederum die Augen. Dann führt B weiter zum zweiten und dann zum dritten Gegenstand. Nach dem „Blindgang" zählt A die Gegenstände auf, die es mit seinem Fernrohr entdeckt hat. B kontrolliert. Nach jedem Durchgang werden die Rollen vertauscht.

- Zu dritt: Gleiche Idee wie oben, aber an Stelle eines Objektes steht ein drittes Kind in irgendeiner Pose oder führt eine Bewegung aus, die sich das „Fernrohr-Kind" merken muss. A versucht, nach diesem Durchgang alle Posen oder Bewegungen der Reihe nach vorzuzeigen; B kontrolliert, ob alles richtig war. Rollenwechsel.
- A darf bestimmen, wie viele Gegenstände es hintereinander „entdecken" will.

Voraussetzungen: Bereitschaft, seine Augen zu schließen, sich vertrauensvoll führen zu lassen ohne zu „mogeln".

Material: Pro Kind zwei oder drei leere WC-Rollen. Diese miteinander mit einem Klebeband verbinden und so ein eigenes Fernrohr basteln.

Tipps für die Durchführung: Zuerst ohne Fernrohr, nur mit Öffnen und Schließen der Augen. Gefährliche oder störende Gegenstände aus dem Weg räumen. Kinder anleiten, wie sie dieses Beobachtungsspiel auch zu Hause durchführen können.

Besonderes: Im Kindergarten oder in der Bewegungsstunde wird das Führen und Folgen behutsam spielerisch eingeführt. Die Kinder lernen, sich gegenseitig zu vertrauen und sich Gegenstände gezielt zu merken.

Und wie war's zu Hause? Die Kinder zählen die für sie lustigsten oder merkwürdigsten Gegenstände auf, zu denen sie geführt wurden. Wer hat zu Hause etwas ganz Besonderes entdecken dürfen?

18 Papier-Seiltänzer

Schwerpunkt: Motorik/Gleichgewicht

Stufe: Eingangsstufe/Kindergarten

Lernziele/Kompetenzen: Das Gleichgewicht halten und gleichzeitig ein Blatt vom Boden aufheben können.

Beschreibung: A schreibt je eine Zahl zwischen 1 und 10 auf jedes der drei Blätter. Eine Strecke wird vereinbart, z. B. die Länge des Schul- oder Wohnzimmers. Dann wird ein Bewegungsablauf vorgeschrieben, welcher nach dem Durchgang von B ausgeführt werden muss (z. B. auf einem Bein um den Tisch hüpfen, ein Zimmer mit Zwergenschritten möglichst nah an der Wand abschreiten, wie ein Hampelmann hüpfen usw.). Die Blätter werden beim Start von A (mit den Zahlen nach unten) in einer Reihe auf den Boden gelegt, B darf dabei nicht zuschauen! B geht über das erste Blatt, steht dann mit je einem Fuß auf Blatt 2 und 3, nimmt Blatt 1 vom Boden auf und legt es vor Blatt 3 auf den Boden. Nach dem nächsten Schritt wird dieser Vorgang bis zum Ziel wiederholt. Das Blatt, welches von B zuletzt aufgehoben wird, muss umgedreht werden, damit die darauf geschriebene Zahl sichtbar wird. Steht dort z. B. die Zahl 4, führt B die vorgängig vereinbarte Bewegungsfolge 4-mal aus. Nach jedem Durchgang Rollenwechsel.

- Wenn die Voraussetzungen vorhanden sind, können auch höhere Zahlen eingesetzt werden.
- A darf nach dem Durchgang bestimmen, welche Bewegungsfolge B ausführen muss.
- Auch im Freien möglich.
- Eigene Ideen kreieren lassen.

Voraussetzungen: Kenntnis einiger Zahlen und genügend Platz.

Material: Pro Zweiergruppe je drei Blätter, Schreibstifte.

Tipps für die Durchführung: Die Zahlen den Kenntnissen der Kinder anpassen. Kinder, die sich unsicher fühlen, dürfen an der Hand geführt werden, bis sie selbstständig über die Blätter gehen können. Miteinander Ideen entwickeln, wie dieses Spiel zu Hause durchgeführt werden könnte.

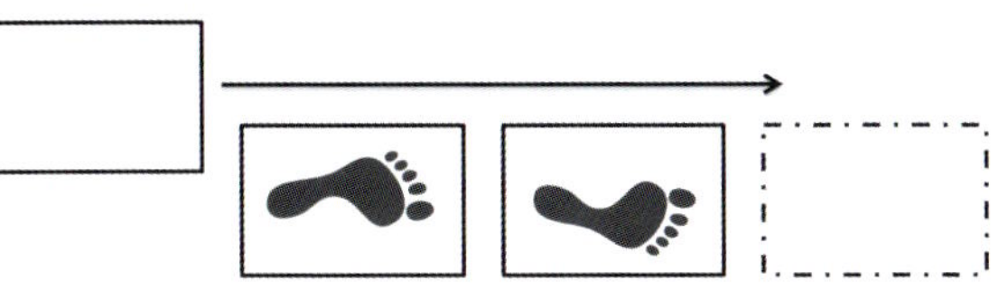

Besonderes: Im Kindergarten üben die Kinder auf drei Blättern vorwärts zu gehen, in dem sie immer das hinterste Blatt aufheben und dieses vor sich wieder auf den Boden legen. Je kleiner die Blätter sind, desto schwieriger wird die Aufgabe.

Und wie war's zu Hause? Die Kinder dürfen vorzeigen, welche Bewegung sie beim Spiel zu Hause ausgeführt haben.

19 Flaschen-Kugel-Fang

Schwerpunkt: Geduld/Koordination

Stufe: Eingangsstufe/Kindergarten

Lernziele/Kompetenzen: Feinkoordination der Hände. Zielgenauigkeit. Timing.

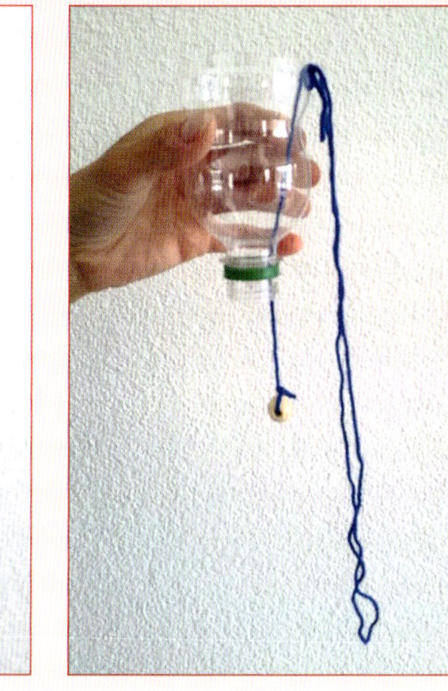

Beschreibung: Wem gelingt es, mit einer geschickten Bewegung eine Holzperle in die Flaschenöffnung zu werfen? Gelingt das einige Male gut, kann der Deckel abgeschraubt werden, damit die Holzperle aus der kleinen Öffnung fallen kann.

- Gelingt es, das Wurfspiel auch während des Vorwärts- oder Rückwärtsgehens auszuführen?
- Oder sogar auf einem beweglichen Untergrund, z. B. auf einem Holzkreisel oder nur auf einem Bein?
- Gelingt es, die Perle wiederholt durch die Öffnung zu werfen, bis die Schnur zu kurz ist für einen weiteren Wurf?
- Ein Kind zeigt seine eigene Idee vor, die anderen versuchen diese nachzumachen.
- Gelingt es auch mit der schwächeren Hand?
- Wer kann es sogar beidhändig?
- Zu zweit: A stellt eine Frage. B versucht diese zu beantworten. Ist die Antwort richtig, darf A einen Kugelwurf ausführen. Wenn getroffen, muss B eine weitere Frage stellen; wenn nicht getroffen, werden die Rollen vertauscht: B stellt Fragen, und A spielt „Kugelfänger". Wer hat am Ende des Lernspiels eine kürzere Schnur?
- Eigene Ideen entwickeln und ausprobieren lassen.

Voraussetzungen: Minimales motorisches Geschick der Hände.

Material: Eine ½-Liter-PET-Flasche, ein Stück Garn oder Wolle, eine Holzperle oder ein anderer, kleiner Gegenstand.

Tipps für die Durchführung: Mit einer kurzen Schnur beginnen und diese später durch eine längere ersetzen. Je leichter der Wurf-Gegenstand ist, desto schwieriger die Aufgabe. Verschiedene kleine Gegenstände am Faden befestigt und ausprobieren (Perlen, Alufolie, Plastilin-Kugel). Das Spielgerät mit nach Hause nehmen und dort ausprobieren lassen.

Besonderes: Wir basteln unser Spielobjekt selber: Bei einer ½-Liter-PET-Flasche wird der obere Teil mit einer Schere abgeschnitten. Am oberen Rand ein Loch anbringen. Hier wird ein ungefähr 40 Zentimeter langer Faden befestigt und an dessen Ende eine Holzperle o. Ä. eingefädelt und verknotet. Die Öffnung der Flasche bleibt durch den Deckel verschlossen.

Und wie war's zu Hause? Wer traf zu Hause öfter hintereinander in die Flasche, deine Eltern, deine Geschwister oder du?

20 Bewegungs-Memory-Karten

Schwerpunkt: Merkfähigkeit/Motorik **Stufe:** Eingangsstufe/Kindergarten

Lernziele/Kompetenzen: Jedes Kind kann sich mindestens drei Bewegungen merken und diese korrekt ausführen.
Zum Kreieren von eigenen Bewegungsaufgaben anleiten.

Beschreibung: Zwei bis drei Bewegungs-Karten werden auf den Boden gelegt. Jedes Kind merkt sich die vorgegebenen Bewegungen, die darauf abgebildet sind und versucht, diese selber auszuführen. Dann werden die Übungen gemeinsam systematisch eingeführt und geübt. Jede Übung erhält einen eigenen Namen (Namensgebung mit den Kindern gemeinsam erarbeiten). Nach einer gewissen Zeit (z. B. nach einer Woche) werden die Übungen mit weiteren Beispielen ergänzt und regelmäßig wiederholt.

- Die Anzahl der Bewegungs-Karten langsam steigern.
- Die Bewegungsskizzen werden aufgelegt und geübt. Nach einer gewissen Übungszeit werden einzelne Übungen abgedeckt. Wer erinnert sich und kann sie „auswendig"?
- Die Anzahl der Wiederholungen wird langsam und systematisch gesteigert. Gleichzeitig kann mit Zahlen gespielt werden (z. B. mit einfachen Rechnungsaufgaben).
- Zu zweit: A merkt sich eine Bewegung von einer Bewegungs-Karte, begibt sich zu B und zeigt diese vor. Rollenwechsel.
- Alles auch im Freien möglich.

Zum Beispiel: Versuche, mit den Händen bei gestreckten Beinen den Boden zu berühren. Gelingt es mit der Faust oder sogar mit der flachen Hand?

Voraussetzungen: Genügend Platz. Minimale motorische Fähigkeiten.

Material: Einige Bewegungs-Karten (vorgegebene und/oder von den Kindern selbst entworfene; evtl. auch mit Fotos einzelner Kinder, welche die Übung schön vorzeigen können).

Tipps für die Durchführung: Die Kinder werden schrittweise in die einzelnen Übungen eingeführt und gleichzeitig angeregt, eigene Übungen zu kreieren, diese mittels den Bewegungs-Karten zu Hause den Eltern und/oder Geschwistern zu instruieren und gemeinsam mit ihnen durchzuführen. Die Kinder erfinden eigene Bewegungen, geben ihnen einen eigenen Namen und zeichnen diese auf Bewegungs-Karten.

Besonderes: Die Bewegungs-Karten werden für alle Kinder kopiert. Bereits bei der Einführung auf qualitativ korrekte Ausführung achten. Einzelne Übungen im Bewegungsunterricht immer wieder üben. Die Kinder dürfen zu Hause als „Oberturner" ihren Eltern die Übungen vormachen. Dies kann im Kindergarten zu zweit gut geübt werden.

Und wie war's zu Hause? Die von den Kindern neu erfundenen Bewegungs-Karten werden von allen ausprobiert und in den „Klassensatz" aufgenommen. „Bewegungserlebnisse und -erfahrungen" von zu Hause erzählen lassen.

Beispiele für Bewegungskarten

Für die Bewegungs-Hausaufgaben sollten die einzelnen Übungen zur Information der Eltern mit einer Bewegungsbeschreibung versehen werden, zum Beispiel so:

1 Wie ein Hampelmann springen.
2 A Liegestütze im Kniestand (einfach!) oder
B Liegestütz auf den Füßen (schwierig!) ausführen.
3 Mit den Händen bei gestreckten Beinen den Boden berühren.
4 Die Arme in beiden Richtungen auf verschiedenen Höhen wie ein Helikopter kreisen.
5 Kniebeugen machen, die Fersen bleiben auf dem Boden.
6 Linke Hand auf rechtes Knie legen, rechte Hand auf linkes Knie legen; zuerst langsam, dann immer schneller.
7 Laufen auf der Stelle, zuerst langsam, dann immer schneller.
8 Die Arme hochstrecken, auf die Zehenspitzen stehen und hoch oben in die Hände klatschen; dann in die Knie gehen und vor dem Körper klatschen.
9 Sich mit Sprüngen nach links und nach rechts auf der Stelle drehen.
10 Wie ein Frosch hüpfen.
11 In der Standwaage das Gleichgewicht halten.
12 Mit den Händen den Boden berühren, dann in die Höhe springen und wieder ganz weich landen.

III

Unterstufe
1.–3. Schuljahr

1 Einleitung

In den ersten Schuljahren sind Kinder einem ersten großen Gestaltwandel unterworfen. Mit Gestaltwandel ist die körperliche Veränderung des Kindes gemeint. Arme und Beine beginnen verstärkt zu wachsen, ebenso Finger, Hände und Füße. Der Körper streckt sich, der kleinkindhafte Bauch wird flacher, die Muskeln treten stärker hervor und die Schulterbreite nimmt zu. In diesem Alter fallen die ersten Milchzähne aus, und das endgültige Gebiss formt sich allmählich.

Diese Entwicklung verläuft sehr individuell. Die Unterschiede in den Entwicklungsschritten verstärken sich in den ersten Schuljahren zusehends. In dieser Phase ist Bewegung besonders wichtig. Die Entdecker- und Bewegungsfreude der Kinder erleichtern das Umsetzen von Bewegungsprogrammen und die Gestaltung von Bewegtem Lernen und coolen Bewegenden Hausaufgaben. Schlägt diese Bewegungsfreude jedoch in Übermut um, braucht es einen rhythmisierten Unterricht mit klaren Regeln, festgelegten Ritualen und einer guten Klassenführung. Hier bieten sich Elemente einer Bewegten Schule wie Bewegungspausen und Bewegter Unterricht geradezu an.

Immer mehr entsteht in diesem Alter das Bedürfnis, sich auch in einer kleineren Gruppe gemeinsam zu bewegen. Dies gilt es aufzunehmen, zum Beispiel mit Bewegenden, coolen Hausaufgaben, die in Partnerarbeit gelöst werden können.

Parallel zum körperlichen Gestaltwandel sind oft tiefgreifende seelische Veränderungen festzustellen. Der psychische Zustand der Kinder ist häufig labil, sie neigen zu starken Stimmungsschwankungen. Während die einen Kinder sich am Übertritt vom Kindergarten in die Primarschule freuen, werden andere in der gleichen Lebensphase von Angstgefühlen begleitet. Typischerweise entladen sich ihre Gefühle in diesem Alter manchmal explosiv und sie akzeptieren seltener vernünftige Argumente. Sechsjährige Kinder wirken z. T. desorientiert und können sich nur schwer für etwas entscheiden oder zu einer Meinung durchringen. Geduld und Ausdauer bei der Beschäftigung mit Lernaufgaben sind häufig schwierig. Die Kinder befinden sich in einer Übergangsphase zwischen Klein- und Großkind. Bisher ausgeübte Aktivitäten werden häufig als langweilig taxiert. Neue Impulse mit coolen, Bewegenden Hausaufgaben bieten für die Lehrperson eine große Chance.

Für die Entwicklung einer eigenen Identität ist dieser Reifeprozess eine wichtige Zeit, die viel Verständnis seitens der Erwachsenen erfordert. Deshalb muss die Hausaufgaben-Philosophie, insbesondere was die coolen Hausaufgaben betrifft, den Eltern mitgeteilt und begründet werden. Die in Kapitel 1 beschriebenen Argumente können diesbezüglich eine Hilfe sein. Hinzu kommt, dass Kinder auf der Unterstufe im Spiel ihre Erfüllung finden.

Wenn es auf diese Art gelingt, spielerische Lernaufgaben zu kreieren, dann merken auch die Eltern, wie gerne ihre Kinder solche Aufgaben erledigen. Die Ideen für coole, Bewegende Hausaufgaben sind Vorschläge für diese Stufe, die sich in der Praxis bewährt haben und die beliebig abgeändert und erweitert werden können.

21 Mit Kopflast das Lesen üben

Fachbereich: Sprachen / Mensch und Umwelt **Stufe:** Unterstufe/Mittelstufe

Lernziele/Kompetenzen: Das Lesen unter erschwerten Umständen spielerisch üben. Gleichgewicht, allgemeine Geschicklichkeit und Konzentration üben.

Beschreibung: Die Kinder absolvieren ihr individuelles Lesetraining im Stehen oder Gehen und balancieren dabei einen leichten Gegenstand auf dem Kopf.

- Zuerst stehend das Balancieren eines Gegenstandes auf dem Kopf üben mit einem Kissen, einem Buch oder einem Becher.
- Dasselbe wie oben, aber jetzt mit dem Gegenstand auf dem Kopf vor- und rückwärts gehen.
- Langsam in die Knie gehen und dann wieder aufrecht stehen.
- Mit dem Gegenstand auf dem Kopf ein Buch, ein Papier oder eine Zeitung vom Boden aufnehmen und daraus lesen.
- Gelingt dies auch auf einem Bein?

Diese Bewegungs-Lern-Technik kann auch auf andere Fachbereiche übertragen werden.

Voraussetzungen: Einen Gegenstand auf dem Kopf tragen können, ohne dass dieser hinunterfällt.

Material: Weiche Bälle wie Jonglierbälle oder Hacky Sack. Buch, Zeitung oder Text auf Papier.

Tipps für die Durchführung: Die Lehrkraft könnte den Bezug zu Menschen in der Dritten Welt herstellen, die schwere Lasten auf dem Kopf transportieren.

Besonderes: Bälle aus dem Sortiment des „Bewegten Lernens" verwenden oder im Werk- oder Bastelunterricht selbst einen Balancierball basteln.

Feedback/Lernkontrollen: Die Kinder nehmen ihren eigenen Gegenstand von zu Hause mit, legen diesen behutsam auf den Kopf und lesen den Text möglichst fehlerfrei vor.

22 Wörter-Hüpfen

Fachbereich: Deutsch **Stufe:** Unterstufe

Lernziele/Kompetenzen: Wörter üben und mit Hilfe von verschiedenen Bewegungsarten speichern.

Beschreibung: Die Kinder zeichnen im Freien einen Startstrich auf den Boden. Ungefähr acht Meter entfernt legen sie ihre Wortkarten auf den Boden oder schreiben die Wörter mit Kreide auf den Boden. Ein Ball, ein Springseil, ein Blatt Papier sowie ein Bleistift werden beim Start deponiert.
Das Kind hüpft zu den Wörtern, merkt sich ein Wort, dreht die Karte um oder streicht das Wort mit Kreide durch, hüpft zurück und schreibt das Wort auf das Blatt. Danach prellt es den Ball und begibt sich so zu den Wörtern, merkt sich ein neues Wort, dreht die Karte um oder streicht das Wort mit Kreide durch und geht, den Ball prellend, wieder zum Start zurück, wo es das Wort auf das Blatt schreibt. Falls es das Wort auf dem Weg vergessen hat, kehrt es zu den Wörtern zurück.

Den Weg kann man auch so zurücklegen:
- Einen Ball mit einer Hand oder einem Fuß führen.
- Auf einem Bein hüpfen.
- Rückwärtsgehen.
- Auf einem Seil balancieren.
- Auf allen Vieren.
- Mit einem Springseil hüpfen.

Voraussetzungen: Einige Wörter kennen.

Material: Wortkarten, Kreide, ein Ball, ein Springseil, ein Blatt Papier, ein Bleistift.

Tipps für die Durchführung: Die Anzahl der Wörter den Voraussetzungen anpassen. Die Kinder üben die Wörter nicht zu lange, sondern sie tun dies mehrmals im Verlauf eines Tages oder einer Woche. Die Bewegungsarten je nach Können vereinfachen oder erschweren. Die Kinder dazu anregen, eigene Bewegungsarten zu suchen und wenn möglich zu Hause (Garagenplatz, Quartierstraße) einen eigenen Wörter-Hüpfspiel-Raster zu zeichnen.

Besonderes: Diese Aufgabe mit den Kindern in der Schule einüben. Danach führen sie diese zu Hause eigenständig aus. Als Lehrperson die Initiative ergreifen, auf dem Pausenplatz mit speziellen Farben permanente Lernspiel-Raster zeichnen.

Feedback/Lernkontrollen: Die Kinder bringen das Blatt, welches sie bekommen haben, wieder von zu Hause in die Schule mit. So kann die Lehrperson kontrollieren, ob die Wörter richtig geschrieben wurden. Die Kinder berichten über ihre Lernerfahrungen.

23 Buchstaben-Yoga

Fachbereich: Sprache / Mensch und Umwelt **Stufe:** Unterstufe

Lernziele/Kompetenzen: Die einzelnen Buchstaben bewusst am eigenen Körper erleben und die Form dadurch verinnerlichen. Das eigene Körpergefühl entwickeln und verfeinern.

Beschreibung: Mit dem eigenen Körper oder mit dem Körper eines anderen Kindes einen Buchstaben liegend auf dem Boden oder stehend zu zweit, zu dritt oder zu viert darstellen und dadurch bewusst erleben (siehe Kinderalphabet auf der folgenden Seite!).

- Wer erkennt den Buchstaben eines anderen Kindes am schnellsten?
- Zu zweit: A zeigt einen Buchstaben und B versucht, diesen zu erkennen. Sobald dies gelungen ist, werden die Rollen getauscht.
- Die Lehrperson gibt Wörter mit drei bis fünf Buchstaben vor. Nun stellen kleine Gruppen von Kindern das jeweilige Wort liegend oder stehend dar. Eine andere Gruppe oder die Lehrperson versuchen, das Wort zu lesen.
- Jedes Kind stellt zu Hause den Geschwistern oder den Eltern einige Buchstaben vor. Werden sie auf Anhieb richtig erkannt?
- Eigenen Ideen.

Voraussetzungen: Den jeweiligen Buchstaben kennen. Gut entwickeltes Körpergefühl.

Material: Kein Material notwendig.

Tipps für die Durchführung: Sorgfältig im Unterricht einführen und bei passender Gelegenheit anwenden. Ist auch als Entspannungsübung möglich.

Besonderes: Das Buchstaben-Yoga als Bewegungspause oder im Bewegungsunterricht in der Halle durchführen.

Feedback/Lernkontrollen: Konnten die Eltern und/oder Geschwister eure Kinder-Alphabet-Buchstaben erkennen?

Kinder-ABC

Gratis-Download: www.sportfachbuch.de/2830

24 Wörtersammlung

Fachbereich: Sprachen (Lesen und Schreiben) **Stufe:** Unterstufe/Mittelstufe

Lernziele/Kompetenzen: Buchstaben hören lernen und den Wortschatz erweitern.

Beschreibung: Die Kinder suchen zu Hause im Zimmer, im Haus oder im Quartier Dinge oder Personen, die mit einem Vokal beginnen. Diese schreiben sie auf: A – E – I – O – U.

Beispiel: Apfel – Eisenbahn – Igel – Ofen – Unterführung.

- Es muss, je nach Stufe, eine Mindestanzahl von Wörtern gesammelt werden.
- Die Kinder dürfen zwei Wörter auch in der Familie oder bei anderen Personen erfragen.
- Auch in einer Fremdsprache versuchen.

Voraussetzungen: Buchstaben kennen und hören.

Material: Ein Blatt Papier oder ein Heft.

Tipps für die Durchführung: Je nach Möglichkeiten der Kinder die Aufgabe erschweren oder vereinfachen, also mit weniger oder mehr Buchstaben, eventuell Buchstabenkombinationen. Vorgängig üben, A-Wörter herauszuhören, wenn sie gesprochen werden. Zum Beispiel einmal klatschen, wenn ein A-Wort gesagt wird.

Besonderes: Als Vorbereitung im Schulzimmer z. B. E-Wörter aufstöbern und zusammentragen. Beispiel: Esel, Eimer.

Feedback/Lernkontrollen: Am folgenden Tag werden alle „Vokal-Wörter“ gesammelt. Von welchem Buchstaben gibt es am meisten, von welchem am wenigsten Wörter?

25 Erzählen – zuhören – wahrnehmen

Fachbereich: Sprache

Stufe: Unterstufe/Mittelstufe

Lernziele/Kompetenzen: Eine eigene Geschichte erzählen und mit passenden Bewegungen unterstützen. Einem anderen Kind zuhören; sich berühren lassen.

Beschreibung: Die Kinder erfinden im Unterricht oder zu Hause eine Geschichte, die aus mindestens sechs Sätzen besteht. Beim Ausdenken der Geschichte sollen sie darauf achten, dass diese gut in Bewegungen umsetzbar ist. Diese Geschichte bringen sie am nächsten Tag mit in den Unterricht.

Was kann man gut in Bewegungen umsetzen? Beispiele:
- Mit den Fingerspitzen wie ein Käfer den Rücken entlang krabbeln.
- Sonnenstrahlen, die den Rücken wärmen.
- Schlangen, die herum schleichen.

In der Schule dürfen die Kinder ihre Geschichte einem anderen Kind erzählen und zwar wie folgt: Das zuhörende Kind legt sich entspannt bäuchlings auf eine Matte oder auf ein Kissen. Das andere Kind erzählt ihm seine Geschichte und unterstützt diese mit den passenden Handbewegungen und den Berührungen auf dem Rücken des liegenden Kindes. Danach werden die Rollen getauscht.

Voraussetzungen: Große Vertrauensbasis zwischen den Kindern untereinander und zur Lehrperson.

Material: Matten oder Kissen bereitlegen, damit sich die Kinder auf dem Boden gut entspannen können.
Eventuell auch bereits bekannte Geschichten verwenden.

Tipps für die Durchführung: Bevor diese Übung den Kindern als Hausaufgabe erteilt wird, spielt die Lehrperson einige Beispiele durch. Die Gruppen so einteilen, dass immer zwei Kinder zusammen sind, die gut miteinander arbeiten können.

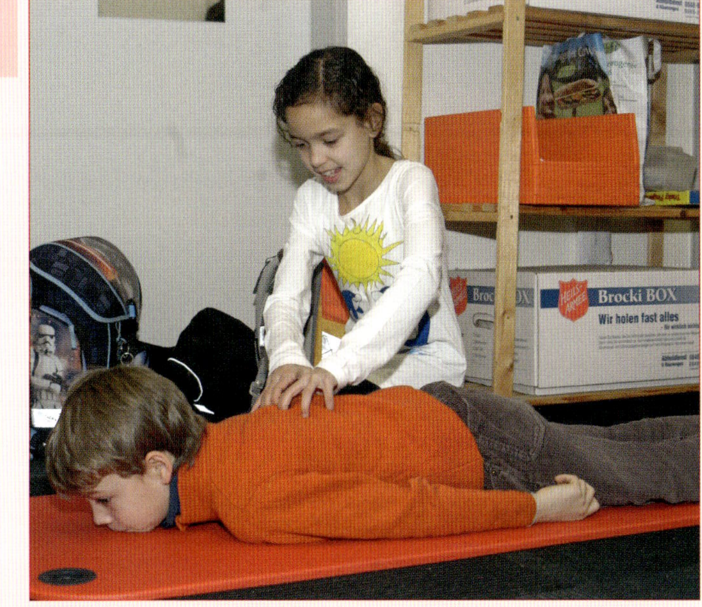

Besonderes: Die Kinder überlegen sich beim Ausdenken der Geschichte, wie diese mit passenden Bewegungen unterstützt werden kann.

Feedback/Lernkontrollen: Die Kinder „erfinden“ zu Hause eine eigene Geschichte. Geeignete Erzählungen werden von der Lehrperson ausgewählt und dann bei Gelegenheiten mit der ganzen Klasse ausprobiert.

26 Beidhändige Schreibkünstler

Fachbereich: Sprache **Stufe:** Unterstufe

Lernziele/Kompetenzen: Konzentration. Beidseitigkeit. Geschicklichkeit.

Beschreibung: Die Kinder nehmen je ein Schreibgerät in die linke und in die rechte Hand. So versuchen sie, gleichzeitig mit beiden Händen eine waagrechte Acht auf zwei verschiedene Blätter Papier zu zeichnen. Sie starten in der Mitte bei dem Punkt, wo sich die zwei Kreise treffen.

- Die Kinder erproben selbstständig verschiedene Möglichkeiten und Formen.
- Die beiden Schreibgeräte führen sie parallel oder in Spiegelschrift.
- Sie probieren auch andere Zeichen, Buchstaben oder Symbole aus oder schreiben sogar ganze Wörter.
- Die Wahl der Schreibgeräte verändern, zum Beispiel auch mit Fingerfarben schreiben.
- Die Kinder kopieren die Bewegungen spiegelbildlich.

Voraussetzungen: Gutes Körpergefühl. Gekonnter Umgang mit verschiedenen Schreibgeräten.

Material: Genügend verschiedene Schreibgeräte. Große Papierbögen, eventuell Zeitungs- oder Ausschusspapier verwenden.

Tipps für die Durchführung: Die Aufgabe an der Wandtafel vorzeigen. Bei möglichst vielen Gelegenheiten die Beidseitigkeit üben, insbesondere auch im Bewegungs- und Sportunterricht, zum Beispiel beim Werfen, Springen oder Drehen.

Besonderes: Die Aufgabe braucht am Anfang eine hohe Konzentration. Mit einiger Übung wird die Aufgabe aber immer leichter. Sie eignet sich als Entspannungsübung oder um die Konzentration zu steigern.

Feedback/Lernkontrollen: Die Kinder bringen ihre Blätter in die Schule, auf denen sie geübt haben. Sie erzählen, was gut und was weniger gut gegangen ist. Einige gute Ideen werden aufgenommen und von allen bei nächster Gelegenheit umgesetzt.

27 Zählmaschine 1

Fachbereich: Mathematik | **Stufe:** Unterstufe/Mittelstufe

Lernziele/Kompetenzen: Das Zählen üben. Mengen erfassen. Dinge auf dem Schulweg genau beobachten. Schätzen.

Beschreibung: Auf dem Schulweg verschiedene Objekte zählen:

- Straßenkreuzungen.
- Fußgängerstreifen.
- Ampeln.
- Abfalleimer.
- Robidogs.
- Parkplätze.
- Stoppschilder.
- Briefkästen.
- Vorschläge der Kinder?

Voraussetzungen: Zahlen bis 20, bis 100 oder bis 1000 kennen. Alle Mengen vorgängig schätzen.

Material: Aufgabenblatt.

Tipps für die Durchführung: Für die Kinder gibt es ein Vorlagenblatt mit den Symbolen, zum Beispiel Ampel oder Abfalleimer, die gezählt werden müssen. Oder die Kinder schreiben die Begriffe zuerst in der Schule in ein Heft oder auf ein Blatt. Auf das Blatt oder in das Heft werden dann die Ergebnisse eingetragen.

Besonderes: Diese Aufgabe wird auf dem Schulweg ausgeführt. Gemeinsam erarbeiten, wie man die Aufgabe am einfachsten lösen könnte, zum Beispiel mit einer Strichliste.

Feedback/Lernkontrollen: Die Lehrperson lässt auf einer Liste die Gegenstände aller Kinder eintragen. Dann wird die Summe zuerst geschätzt und dann ausgerechnet. Das geschätzte und das ausgerechnete Ergebnis werden miteinander verglichen.

28 Finger-Rechenmaschine

Fachbereich: Mathematik **Stufe:** Unterstufe

Lernziele/Kompetenzen: Die Feinkoordination der Finger kombinieren mit Denken.

Beschreibung: Die Kinder legen die Fingerspitzen auf den Tisch, als ob sie Klavierspielen würden. Sie heben und senken die einzelnen Finger.
Die Kinder beginnen mit dem rechten Daumen, dann ist der rechte Zeigefinger an der Reihe, und so weiter. Danach folgen die linken Finger in der gleichen Reihenfolge. Es sind verschiedene Variationen möglich.
Jedem Finger wird eine Zahl und jeder Abfolge eine mathematische Operation zugeordnet.
Als Beispiel: Der rechte Daumen = eins, der rechte Zeigefinger = zwei, der rechte kleine Finger = fünf.
Werden die Finger von innen nach außen bewegt, heißt das: Addition.
Werden die Finger von außen nach innen bewegt, heißt das: Subtraktion.
Das ist die Basis-Übung. Die Kinder erfinden jetzt eigene Rechenaufgaben.

Voraussetzungen: Gute Feinmotorik der Finger.

Material: Kein Material nötig.

Tipps für die Durchführung: Zuerst unter Anleitung zu zweit üben lassen. Wenn jemand von der Klasse (vielleicht sogar die Lehrperson?) Klavier spielen kann, dann schauen (und hören) die Kinder zu und beobachten vor allem die Fingerfertigkeit.

Besonderes: Diese Trainingstechnik lässt sich überall durchführen.

Feedback/Lernkontrollen: Die Kinder dürfen ihre Fingerfertigkeit, kombiniert mit einer Rechnungsaufgabe, vorführen. Diese wird von allen anderen übernommen und geübt.

29 Hin und her beim kleinen Einmaleins

Fachbereich: Mathematik u. a. **Stufe:** Unterstufe

Lernziele/Kompetenzen: Das Einmaleins auf spielerische Art üben. Gedächtnistraining mit Bewegung kombinieren.

Beschreibung: Die Kinder erhalten ein Arbeitsblatt mit Einmaleins-Rechenaufgaben. Nun beginnen sie zu rechnen. Nach jeder Lösung einer Aufgabe korrigieren die Kinder ihre Resultate selbst, indem sie sich zum Lösungsblatt begeben, welches sie irgendwo in der Wohnung oder im Haus auf dem Boden deponiert haben. Wenn das Resultat stimmt, geht es zur nächsten Aufgabe.
Die Kinder nehmen das Arbeitsblatt nicht zum Lösungsblatt mit. Sie versuchen, sich die Lösungen zu merken. Falls sich ein Kind das Resultat nicht merken kann, geht es nochmals zurück zum Lösungsblatt und beginnt von vorne.

Voraussetzungen: Das Einmaleins ist bekannt.

Material: Arbeitsblätter. Zeit individuell.

Tipps für die Durchführung: Die Lösungen können erschwert werden, indem verschiedene Gangarten ausgeführt werden, zum Beispiel auf einem Bein hüpfen, rückwärts gehen oder Froschhüpfen. Die Lehrperson informiert die Eltern, damit diese den Ablauf solcher Hausaufgaben kennen und wissen, wie sie durchgeführt werden sollten.

Besonderes: Das kleine Einmaleins wird in der Klasse eingeführt und auf verschiedene Art und Weise vielseitig geübt.

Feedback/Lernkontrollen: Die Kinder berichten über das Lernspiel und machen Vorschläge, wie man das Lernspiel auch noch anders ausführen könnte.

30 Prima Ballerina

Fachbereich: Mathematik und Sprachen **Stufe:** Unterstufe

Lernziele/Kompetenzen: Schulung des Gleichgewichts. Kräftigung der Fuß- und Beinmuskulatur. Konzentration.

Beschreibung: Die Kinder stellen sich auf die Zehenspitzen und zählen bis fünf. Nachher stehen sie mit beiden Füßen kurz auf dem Boden. Danach stellen sie sich wieder auf die Zehenspitzen und zählen wieder bis fünf. Dieser Ablauf wird einige Male wiederholt.

Statt immer wieder bei der Eins zu beginnen, gibt es andere Möglichkeiten:
- Wem gelingt es, nach dem kurzen Absetzen der Fersen weiter zu zählen? Also nicht wieder bei der Eins beginnen, sondern bei der Sechs.
- Nach dem ersten Absetzen bis zur Sechs zählen, dann wieder absetzen, dann bis zur Sieben zählen, dann bis zur Acht, und so weiter.
- Prima Ballerina: Wer kann sogar nur auf einer Fußspitze stehen und zählen? Am Anfang versuchen es die Kinder mit Halt an einem Gegenstand, an einer Wand oder mit Partnerhilfe.

Voraussetzungen: Bis Fünf zählen können. Der Gleichgewichtssinn ist ein wenig entwickelt.

Material: Kein Material nötig.

Tipps für die Durchführung: Auf gute Körperspannung achten. Familienmitglieder mit einbeziehen. Ältere Geschwister zählen in einer Fremdsprache. Wechsel von Mundart auf Schriftdeutsch und umgekehrt.

Besonderes: Besser immer wieder aufs Neue ausführen lassen als zu lange hintereinander. Die Übung sogfältig einführen und üben, zuerst mit Partnerhilfe.

Feedback/Lernkontrollen: Die Lehrkraft kontrolliert die Bewegungshausaufgabe sowohl in der Klasse als auch einzeln. Kinder, die Mühe haben, werden erneut gezielt angeleitet.

31 Einmaleins-Seilspringspiel

Fachbereich: Mathematik **Stufe:** Unterstufe

Lernziele/Kompetenzen: Üben von Zahlenreihen des kleinen Einmaleins mittels Seilhüpfen.

Beschreibung: Die Kinder hüpfen mit dem Springseil und sagen dabei eine Zahlenreihe des Einmaleins auf, zum Beispiel die Vierer-Reihe. Jeder Hüpfer wird im Kopf mitgezählt. Nur die Zahl, die zur ausgewählten Reihe gehört, wird laut ausgesprochen.

Beim Beispiel der Vierer-Reihe sieht das so aus:
Eins still, – zwei still – drei still – „vier“ laut!
Nachher „acht“ laut – „zwölf“ laut ... und so weiter.

- Die Kinder eigene Einmaleins-Rechenbeispiele erfinden lassen.
- Auch mit anderen Bewegungselementen üben.

Voraussetzungen: Das Einmaleins kennen und beherrschen.
Das Seilspringen beherrschen.

Material: Springseil.

Tipps für die Durchführung: Springseile zur Verfügung stellen, damit alle auch zu Hause üben können. Den Kindern eine oder zwei Reihen zum Üben vorgeben oder sie selber die Reihen wählen lassen.

Besonderes: Das Seilspringen und das kleine Einmaleins werden vorher im Unterricht geübt. Die Kinder anleiten, wie sie versuchen könnten, Geschwister und Eltern zum Mitmachen zu motivieren.

Feedback/Lernkontrollen: Die Kinder berichten über ihre Erlebnisse zu Hause und zeigen den anderen, wie sie es gemacht haben.

32 Jonglier- und Rechenkünstler

Fachbereich: Mathematik

Stufe: Unterstufe/Mittelstufe

Lernziele/Kompetenzen: Das Rechnen verbinden mit Jonglieren.

Beschreibung: Die Kinder werfen einen Gegenstand hoch und fangen ihn wieder. Dabei zählen sie in Zahlenschritten vorwärts,
also: „zwei“, „vier“, „sechs“, „acht“, ...
oder: „vier“, „acht“, „zwölf“, ...
oder: „sieben“, „vierzehn“, „einundzwanzig“, ...

- Während des Zählens den Ball mit einer Hand hochwerfen, mit der anderen fangen.
- Den Ball mit einer Hand unter einem Bein hindurch hochwerfen und mit der anderen Hand fangen.
- Den Ball hochwerfen und vor dem Fangen einmal klatschen.
- Gelingt es, während des Fluges zweimal zu klatschen?
- Wer erfindet eine eigene Jonglier- und Rechenkombination?

Voraussetzungen: Das Jonglieren wurde im Bewegungsunterricht oder in Lektionen „Bewegtes Lernen“ gelernt. Rechenaufgaben kennen.

Material: Ein Wurfgegenstand: Ball, Kissen oder Zeitungsknäuel.

Tipps für die Durchführung: Den Zahlenraum und die Zählschritte dem individuellen Können anpassen. Das Jonglieren schrittweise einführen. Die Kinder sollen ab und zu selbst wählen dürfen, welche Zahlenreihe sie mit welcher Jongliertechnik ausführen wollen.

Besonderes: Diese spielerische „Jonglier- und Rechnungstechnik“ kann auch im üblichen Unterricht als Konzentrationsübung eingebaut werden.

Feedback/Lernkontrollen: Die Kinder dürfen vorzeigen, wie gut sie das Zählen in Kombination mit dem Werfen bereits beherrschen. Sie probieren auch zu Hause eigene Wurf- und Zählvarianten aus und demonstrieren diese im Unterricht.

33 Würfel-Rechnen

Fachbereich: Mathematik

Stufe: Unterstufe/Mittelstufe

Lernziele/Kompetenzen: Rechnen mit Bewegung kombinieren. Erziehung zu Fairness und Selbstständigkeit.

Beschreibung: Das Kind würfelt zweimal hintereinander mit zwei Würfeln und zählt die Augen zusammen. Dann schaut es auf einer Tabelle nach, welche Bewegung zu dieser Summe gehört und führt diese aus. Die jeweilige Bewegung oder Haltung wird so lange ausgeführt, bis das Kind laut und langsam bis zehn gezählt hat. Es können auch andere Personen zählen: Die Eltern, die Geschwister oder ein anderes Kind. Nun würfelt das Kind die nächste Rechnungsaufgabe.

- Die Kinder dürfen nach jedem richtigen Resultat einer Addition spontan eigene Bewegungsaufgaben ausführen. Oder sie wählen aus den vorgegebenen, eventuell gezeichneten Bewegungsvorschlägen einen Vorschlag aus und führen diesen durch.
- Schwächere Kinder sollen zuerst nur einmal mit zwei Würfeln addieren und erst später zweimal hintereinander.
- Begabtere Kinder dürfen auch drei- oder mehrmals hintereinander würfeln und die Zahlen addieren. Wenn das Resultat richtig ist, wählen sie eine eigene Übung aus und führen diese durch.

Voraussetzungen: Additionen bis zur Summe X sind bekannt und wurden schon oft geübt.

Material: Je vier Würfel für jedes Kind. Tabelle mit den jeweiligen Bewegungsaufgaben.

Tipps für die Durchführung: Die Anzahl Rechnungen variieren bzw. an die individuellen Fähigkeiten der Kinder anpassen. Alle Übungen zuerst gemeinsam in der Klasse durchführen.

Besonderes: Genügend Platz zum Würfeln.

Feedback/Lernkontrollen: Geschwister, Eltern oder ein anderes Kind kontrollieren, ob die Additionen richtig durchgeführt wurden.

Für die jeweiligen Resultate können folgende Bewegungen ausgeführt werden:

- Beine strecken und mit den Fingern die Zehen berühren.
- Auf die Zehenspitzen stehen.
- Auf das rechte Bein stehen und die Augen schließen.
- Auf das linke Bein stehen und die Augen schließen.
- In Rückenlage gestreckt auf den Boden liegen.
- In Bauchlage gestreckt auf den Boden liegen.
- Blind eine Acht auf dem Boden abschreiten.
- Tief ein- und ausatmen.
- Schultern hochziehen und anschließend wieder locker fallen lassen.
- In den Schneidersitz sitzen und die Handflächen vor der Brust zusammenpressen.

34 Zählmaschine 2

Fachbereich: Mathematik

Stufe: Unterstufe/Mittelstufe

Lernziele/Kompetenzen: Das Zählen üben. Mengen erfassen. Zuerst schätzen, dann messen.

Beschreibung: Zu Hause verschiedene Objekte zählen:

- Die Fenster des Hauses.
- Die Türen des Hauses.
- Die Tische oder die Stühle der Wohnung/des Hauses.
- Die Lampen. Alle Gläser, Teller oder Gabeln.
- Alle Brillen, Scheren oder Kleiderbügel.
- Etwas, was noch nicht auf der Liste steht.
- Eigene Vorschläge der Kinder.
- Dinge aus Holz.
- Dinge aus Glas.
- Dinge aus Metall.
- Dinge aus Stein.
- Dinge aus …?

Mit diesen Zahlen/Mengen eigene Rechenaufgaben zusammenstellen.

Voraussetzungen: Zahlen bis 20, bis 100 oder bis 1000 kennen. Schätzen können.

Material: Aufgabenblatt.

Tipps für die Durchführung: Je nach Alter der Kinder gibt es eine Vorlage mit den Symbolen wie Türe oder Fenster auf einem Blatt als Aufgabenblatt. Oder ein Heft, wo die Begriffe zuerst in der Schule aufgeschrieben werden und die Zahlen zu Hause eingefügt werden. Die Zahlen zuerst auch schätzen.

Besonderes: Vorgängig ähnliche Übungen im Schulzimmer und im Schulhaus durchführen.

Feedback/Lernkontrollen: Die Lehrkraft lässt auf einer großen Liste die Gegenstände aller Kinder eintragen. Die Kinder erzählen im Unterricht über ihre „Entdeckungsreise“.

35 Schätzen und messen

Fachbereich: Mathematik

Stufe: Unterstufe/Mittelstufe

Lernziele/Kompetenzen: Schätzen und genaues Messen lernen.

Beschreibung: Die Kinder schätzen zu Hause verschiedene Räume und Gegenstände. Nachher messen sie diese Gegenstände.

- Wie lang und wie breit ist das Kinderzimmer?
- Wie hoch und wie breit ist die Kinderzimmer-Tür?
- Wie hoch, wie breit und wie lang ist der Schreibtisch?
- Wie lang ist mein Fuß?
- Wie lang ist mein Daumennagel?
- Die Kinder suchen eigene Aufgaben.

Die Aufgaben werden je nach Stufe erschwert und können bis zur Oberstufe erweitert werden.

Beispiele:

- Die Flächen berechnen.
- Die Differenz von den geschätzten zu den gemessenen Flächen ausrechnen.
- Ideen der Kinder aufnehmen und im Unterricht umsetzen.

Voraussetzungen: Die Längenmaße Meter, Dezimeter, Zentimeter und Millimeter kennen. Zeit 20 bis 30 Minuten.

Material: Maßband. Notizbuch.

Tipps für die Durchführung: Vorgängig im Schulzimmer Gegenstände, Abstände und Distanzen zuerst messen, dann schätzen.

Besonderes: Das eigene Zuhause noch besser kennen und erkunden lernen.

Feedback/Lernkontrollen: Die Kinder vergleichen Schätzung und Messung und berichten im Unterricht über ihre gemachten Erfahrungen zu Hause.

36 Lauschen

Fachbereich: Mensch und Umwelt / Sprache **Stufe:** Unterstufe/Mittelstufe

Lernziele/Kompetenzen: Lernen, sich zu entspannen und die Sinne zu schärfen. Erlebtes in irgendeiner Form festhalten können.

Beschreibung: Die Kinder erhalten die Aufgabe, sich zu Hause hinzusetzen und die Augen zu schließen. Nun achten sie auf Geräusche im Haus, auf dem Balkon, bei offenem Fenster, bei geschlossenem Fenster. Sie halten ihre Eindrücke stichwortartig schriftlich fest.

- Ein ganz besonderes Geräusch wird als Skizze, Zeichnung oder Foto festgehalten.
- Die Kinder vergleichen die eigene Wahrnehmung mit derjenigen der Geschwister, der Eltern oder eines anderen Kindes.
- Nimmt jemand anders die Geräusche, Töne, Vogelstimmen anders wahr als du?
- Trägt dein Opa oder deine Oma ein Hörgerät? Wie hören sie die verschiedenen Töne?
- Wer erkundet, wie sich gehörlose Menschen orientieren können?

Voraussetzungen: Die Kinder haben gelernt, sich auf diese spezielle Weise zu entspannen und wie man solche Eindrücke mit einem oder zwei Wörtern festhalten oder umschreiben kann.

Material: Stift und Papier. Eventuell Fotoapparat oder Mobiltelefon. „Spitze Ohren"!

Tipps für die Durchführung: Die Übung im Unterricht einführen.
Sie kann auch auf andere Sinne übertragen werden. Auf einem gemeinsamen Schulspaziergang den Fokus auf spezielle Geräusche richten und Erfahrungen austauschen.

Besonderes: In einer Zeit, wo viele visuelle Reize auf die Kinder einwirken, auch andere Sinne aktivieren und trainieren.

Feedback/Lernkontrollen: Die gehörten Geräusche werden im Klassenverband diskutiert und verglichen. Wer kann ein spezielles Geräusch (z. B. eine Vogelstimme) möglichst genau nachahmen?

37 Gummitwist-Akrobatik

Fachbereich: Bewegung und Sport / weitere Fachbereiche

Stufe: Unterstufe/Mittelstufe

Lernziele/Kompetenzen: Eine eigene, dem Niveau angepasste Abfolge von Sprüngen mit dem Gummitwist zusammenstellen und ausführen.

Beschreibung: Die Kinder stellen innerhalb einer bestimmten Zeit eine Abfolge von verschiedenen Sprüngen mit dem Gummitwist zusammen. Da dieses Hüpfspiel den meisten Kindern vertraut ist, soll möglichst viel selbstständig ausprobiert und gegenseitig vermittelt werden.

- Zuerst eine einfache Abfolge von einigen Sprüngen vorgeben und diese gemeinsam ausführen lassen.
- Zu zweit: A zeigt seine Kombination vor, B versucht, diese exakt zu kopieren. A kontrolliert. Dann zeigt B vor.
- Die Höhe des Gummibandes allmählich anheben.
- Die Sprungkombination mit einem einfachen Vers ergänzen.
- Während des Springens in einer Fremdsprache zählen oder eine Zahlenfolge aufsagen.
- A springt seine Kombinationen und B stellt Fragen aus den Hausaufgaben. Wie lange kann A die Fragen von B richtig beantworten? Bei einer falschen Antwort wird gewechselt.

Voraussetzungen: Einige Grundfertigkeiten beim Hüpfen.

Material: Gummitwist. Eventuell eine Vorlage der Grundsprünge.

Tipps für die Durchführung: Das Thema Zirkus mit der Gummitwist-Akrobatik verbinden, zum Beispiel anlässlich eines Elternabends oder einer Veranstaltung der Schule.

Besonderes: Die Gummitwist-Technik wird im Rahmen des Bewegungs- und Sportunterrichts eingeführt. Nachher wird sie in Form eines Stationentrainings eingesetzt. Sie eignet sich besonders gut für eine Bewegungspause.

Feedback/Lernkontrollen: Die Gummitwist-Künstler dürfen ihre Sprünge in einer Zirkusshow vorzeigen.

38 Körper-Stützpunkte

Fachbereich: Mensch und Umwelt / Sprache | **Stufe:** Unterstufe/Mittelstufe

Lernziele/Kompetenzen: Den eigenen Körper und einzelne Körperteile wahrnehmen. Das Körpergefühl verbessern.

Beschreibung: Die Kinder legen sich auf den Rücken oder auf den Bauch, schließen die Augen und versuchen zu spüren, mit welchen Körperteilen sie den Boden berühren.

- Die Übung gemeinsam mit einem anderen Kind, mit Geschwistern oder Eltern durchführen und dann miteinander vergleichen: Wo spürst du den Boden? Wo drückt es dich am meisten?
- Die Kinder spannen den Körper zuerst ganz stark an, nachher liegen sie ganz entspannt am Boden. Wie spüren sie den Unterschied?
- Den gefühlten Berührungspunkt ganz langsam verschieben, wie wenn man ihn am Körper „wandern" ließe!
- Zu eigenen „Körper-Entdeckungsreisen" anregen.

Voraussetzungen: Einzelne Körperteile kennen.

Material: Ein Platz, um sich ungestört hinzulegen.

Tipps für die Durchführung: Die Kinder behutsam zu Körperempfindungen hinführen. Die Bedeutung von Körperwahrnehmungen thematisieren.

Besonderes: Eignet sich gut in der Sporthalle oder im Gymnastikraum als Entspannungsübung am Ende einer sehr aktiven Bewegungsstunde.

Feedback/Lernkontrollen: Die Kinder berichten über ihre Erlebnisse und Erfahrungen. Sie zeichnen auf einer Skizze die wichtigsten Berührungspunkte ein.

39 Heiße Tomate

Fachbereich: Bewegung und Sport / Mathematik **Stufe:** Unterstufe/Mittelstufe

Lernziele/Kompetenzen: Feinkoordination. Ehrlichkeit beim Zählen. Fairness bei Wettspielen.

Beschreibung: Die Kinder nehmen einen Esslöffel in die Hand und legen einen Tischtennis-Ball, eine Nuss oder einen kleinen Stein auf den Löffel. Das ist die heiße Tomate. So gehen sie auf einer Linie oder auf einer ausgelegten Schnur vorwärts, ohne dass die Tomate vom Löffel fällt. Wenn es nicht gelingt, starten sie erneut.

- Den Löffel mit beiden Händen halten.
- Nach jedem zweiten Schritt die Hand wechseln.
- Rhythmisch eine Zahlenreihe aufsagen und im gleichen Rhythmus vor- und rückwärts gehen.
- Gelingt es auch mit geschlossenen Augen?
- Und wie geht es mit Treppensteigen?
- Den Löffel in den Mund stecken und so gehen.
- Auf Fragen eines anderen Kindes antworten.
- Ein Gedicht oder einen Text auswendig aufsagen.
- Als Wettspiel zu zweit mit Handfassung der „freien“ Hand: A und B versuchen, sich gegenseitig aus dem Gleichgewicht zu stoßen oder zu ziehen. Wer verliert seine heiße Tomate zuerst?
- Eigene Varianten erfinden lassen.

Voraussetzungen: Minimale feinmotorische Geschicklichkeit.

Material: Ein Esslöffel, ein Tischtennisball oder eine Nuss.

Tipps für die Durchführung: Zuerst die Tomate nur im Stand mit dem Löffel halten, dann langsam gehen, anhalten und rückwärts gehen.

Besonderes: Die Kinder zur Vorsicht mahnen, insbesondere bezüglich der Variante mit den geschlossenen Augen. Beim Treppensteigen wegen der Verletzungsgefahr den Löffel nicht im Mund, sondern mit den Händen halten.

Feedback/Lernkontrollen: Die Kinder berichten, auf welche Art sie zu Hause die heiße Tomate transportiert haben. Sie erzählen, was für sie einfach und was schwierig war.

40 Rückenschule

Fachbereich: Bewegung und Sport / Mensch und Umwelt **Stufe:** Unterstufe

Lernziele/Kompetenzen: Erfahren und erkennen, dass Muskeln gedehnt werden können, damit die Gelenke beweglich bleiben.

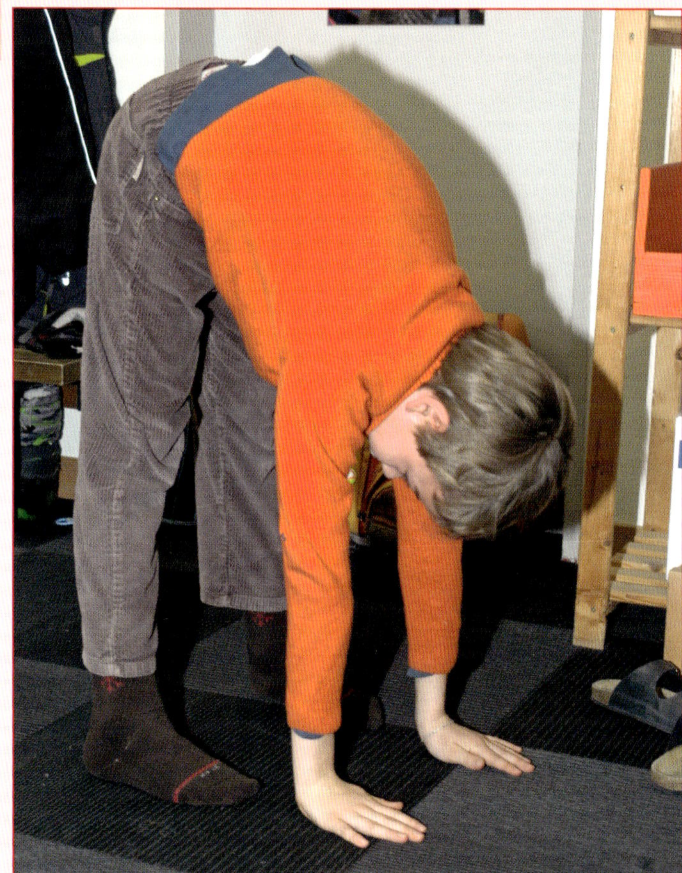

Beschreibung: Die Kinder stehen schulterbreit, die Knie sind gestreckt. Sie beugen sich ganz langsam und vorsichtig nach vorne und versuchen, mit ihren gestreckten Fingern, geballten Fäusten oder sogar mit ihren flachen Händen den Boden zu berühren. Dabei bleiben die Fersen am Boden und die Knie nach wie vor gestreckt. Diese Stellung wird an einer Treppe, an einem Stuhl, fotografisch oder mit einer Marke (Strich, Klebeband o. Ä.) festgehalten. Dies ist die Ausgangsstellung.

- Durch leichtes Nachdehnen nach vorne, auch wechselweise zum linken und zum rechten Fuß, wird die Rückenmuskulatur gedehnt. Schon nach wenigen Bewegungen kannst du feststellen, dass du weiter hinunter kommst mit den Händen. Gelingt es auch dir?

Voraussetzungen: Die allgemeine Funktion der Muskeln kennen.

Material: Kein Material nötig.

Tipps für die Durchführung: Die Lehrperson weist darauf hin, dass sich die Kinder nach dem Dehnen nach vorne langsam aufrichten und den Kopf bis ganz am Schluss hängen lassen. Diese Übung sollte dann jeden Tag mindestens zwei Mal wiederholt werden. Auch zu Hause die Ausgangsstellung festhalten und dann nach der Übungszeit mit der Endstellung vergleichen.

Besonderes: Grundsatz: Dehnübungen werden langsam ausgeführt. Sorgfältige Einführung der Bewegungs-Technik im Bewegungs- und Sportunterricht.

Feedback/Lernkontrollen: Nach drei Wochen vergleichen die Kinder, wie tief sie sich im Vergleich zur Ausgangsstellung bücken können. Ob auch Eltern und Geschwister dieses Home-Training mitmachen?

41 Fußmaler

Fachbereich: Sprachen / Mensch und Umwelt **Stufe:** Unterstufe/Mittelstufe

Lernziele/Kompetenzen: Feinmotorik der Füße.

Beschreibung: Die Kinder stecken einen Stift zwischen ihre Zehen und versuchen, etwas zu zeichnen oder ein Wort zu schreiben.

- Ein Phantasiegemälde.
- Einen Kreis.
- Ein Rechteck.
- Ein Haus.
- Einzelne Buchstaben.
- Kurze Wörter.
- Oder sogar einen ganzen Satz?
- Gelingt dies mit beiden Füßen oder ist der eine Fuß – wie bei den Händen – geschickter als der andere?

Voraussetzungen: Saubere Füße.

Material: Stifte. Papier.

Tipps für die Durchführung: Große Zeichenblätter verwenden. Filzstifte erleichtern das Malen und Schreiben. Wenn der Stift nicht hält, kann man ihn mit Klebeband befestigen.

Besonderes: Die Kinder lernen die Schrift einmal ganz anders kennen. Zudem entdecken sie ihre Füße als Instrument. Einen Bezug zum Leben von Menschen ohne Arme herstellen: Wie meistern sie ihr Leben? Fußpflege thematisieren.

Feedback/Lernkontrollen: Jedes Kind bringt ein Fußmaler-Kunstwerk mit in die Schule und darf dieses an der Wand aufhängen. Die Kinder tauschen ihre Erlebnisse aus.

42 Seil-Lern-Künstler

Fachbereich: Englisch / Deutsch / Mensch und Umwelt / Mathematik **Stufe:** Unterstufe/Mittelstufe

Lernziele/Kompetenzen: Einen Text durch Bewegung besser verinnerlichen.

Beschreibung: Ein Springseil wird auf dem Boden ausgelegt. Darauf balancieren die Kinder vorwärts und rückwärts und lesen gleichzeitig einen vorgegebenen oder selbst gewählten Text.

- Ein Fuß ist vorne, der andere hinten. Dann springt das Kind elegant wie ein Seiltänzer hoch und wechselt die Fuß-Stellung. Der vordere Fuß kommt nun nach hinten, der hintere nach vorne. Dann bleibt das Kind ruhig im Gleichgewicht stehen und liest weiter.
- Ein Fuß steht auf dem Seil, der andere daneben. Dann tupft das Kind wie ein Seiltänzer mit dem freien Fuß einmal vorne und einmal hinten auf das Seil und liest während der Bewegung weiter.
- Zu zweit: A springt fortgesetzt mit Wechselschritten auf dem Seil. B fragt ihn irgendetwas oder stellt eine Rechnungsaufgabe.
- Wer findet noch eine weitere, vielleicht sogar schwierigere Seiltanz-Lern-Akrobatik?
- Diese Gleichgewichtsübung kann auf verschiedene andere Lernbereiche übertragen werden.

Voraussetzungen: Lesen und zugleich auf einem Seil balancieren können.

Material: Springseile. Eine Leine oder eine Linie. Ein vorgegebener oder selbst gewählter Text.

Tipps für die Durchführung: Diese Technik kann auch im Unterricht eingesetzt werden. Bei individuellen Lesephasen werden einige Seile ausgelegt und diejenigen, welche die Technik beherrschen, dürfen balancierend lesen. Für Kinder, die motorische Schwierigkeiten haben, wäre es ratsam, wenn sie sich zuerst nur hin und her bewegen, während sie lesen.

Besonderes: Die Kinder befassen sich mit einer Hausaufgabe, die sie kognitiv fordert, aber auch gleichzeitig die Geschicklichkeit schult. Bezug nehmen zur Seiltanzakrobatik im Zirkus. Vielleicht zeigt die Lehrkraft einen Ausschnitt aus einem Video. Zirkus thematisieren und im Bewegungs-Unterricht „spielen".

Feedback/Lernkontrollen: Die Kontrolle der Hausaufgabe erfolgt individuell. Die Kinder berichten über ihren Lernerfolg zu Hause.

43 Einbein-Akrobat

Fachbereich: Bewegung und Sport / Sprachen / Mathematik u. a.

Stufe: Unterstufe/Mittelstufe

Lernziele/Kompetenzen: Mit dem Gleichgewicht spielen. Koordination. Ablenkung.

Beschreibung: Die Kinder stehen auf dem rechten Bein und zeichnen mit dem linken Arm Kreise in die Luft – oder umgekehrt.

- Dasselbe, aber mit einem leichten Sprung vom einen auf das andere Bein wechseln.
- Gelingt es auch mit geschlossenen Augen?
- Die Kinder lesen in der Einbeinstellung einen Text.
- Sie lernen ein Gedicht auswendig und rezitieren es in dieser Stellung.
- Einen Text lesen und dabei das Buch oder Textblatt immer wieder von der einen in die andere Hand legen.
- Die Kinder sagen eine Zahlenreihe laut auf.
- Auf Fragen schnell Antworten oder Lösungen nennen.
- A und B stehen sich gegenüber. A macht vor und B macht alles spiegelbildlich nach. Rollenwechsel.
- In einer Fremdsprache von eins bis zehn zählen.
- Eigene Ideen?

Voraussetzungen: Genügend Platz und Freiräume schaffen. Solche Formen sind aus dem Bewegungsunterricht bekannt.

Material: Kein Material notwendig.

Tipps für die Durchführung: Diese Einbein-Akrobatik-Idee kann gut auch zu zweit ausgeführt werden, also miteinander bewegen und miteinander lernen.

Besonderes: Eignet sich gut als kleine „Bewegte Pause“.

Feedback/Lernkontrollen: Die Kinder demonstrieren den anderen Kindern ihre Akrobatik-Form und tauschen ihre Lernideen aus.

44 Hallo Bruschnikla

Fachbereich: Musik / Sprache | **Stufe:** Unterstufe

Lernziele/Kompetenzen: Rhythmisch klatschen lernen. Gedächtnistraining. Koordination Arme-Hände-Finger verbessern.

Beschreibung: Die Lehrperson erzählt den Kindern eine Geschichte. Darin geht es um eine alte Frau, die in einem tiefen dunklen Wald lebt. Diese Frau heißt **Bruschnikla**. Warum heißt sie wohl so? Wenn man sie in ihrem Häuschen besuchen möchte, muss man ihr eine rhythmische Begrüßung vorspielen, die aus den beiden folgenden Elementen besteht:

1. Begrüßung: Hal – lo
Mit der rechten Hand auf den rechten Oberschenkel schlagen: **Hal**.
Mit der linken Hand auf den linken Oberschenkel schlagen: **lo**.

2. Der Name: Bru – schni – kla
Einmal mit einer Hand auf die Brust schlagen **(Bru)**.
Einmal Schnippen mit den Fingern **(schni)**.
Einmal Klatschen mit den Händen **(kla)**.

Beispiel: Hallo, Bru Schni Kla Bru Bru Schni Kla Bru Schni Kla
Bru Schni Kla Kla

- Die Kinder schlagen eigene Kombinationen vor.
- Von einem Bein auf das andere wechseln, oder alles immer schneller machen.

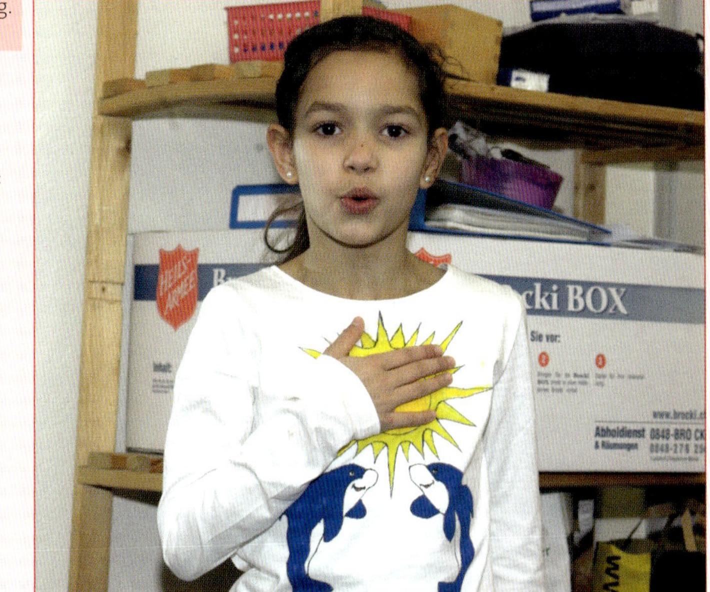

Voraussetzungen: Einfache Rhythmen klatschen. Gemeinsames Üben während des Unterrichts ist für schwächere Kinder eine Hilfe.

Material: Beschreibung der Geschichte.

Tipps für die Durchführung: Die Einbettung von Rhythmen in eine Geschichte ist für Kinder sehr gut geeignet. Es kann auch eine andere Geschichte mit anderen rhythmischen Wortspielen ausgewählt oder sogar erfunden werden, vielleicht sogar durch die Kinder selbst. Wenn alle Kinder den Rhythmus und den Sprechgesang beherrschen, kann dieser im Kreis durchgeführt werden.

Besonderes: Die Geschichte von Frau Bruschnikla wird der Klasse erzählt, der Rhythmus wird gemeinsam geklatscht. Für die bewegte Hausaufgabe kann eine Anleitung abgegeben werden, auch zur Information für die Eltern. Darauf stehen die Abkürzungen und die Erklärungen und Kombinations-Beispiele.

Feedback/Lernkontrollen: Die Kinder klatschen sich gegenseitig den Rhythmus vor. Wer sich sicher fühlt, darf seinen Klatsch-Rhythmus der Lehrperson oder allen Kindern vorführen. Wer konnte zu Hause Bruschnikla fehlerfrei vortragen?

45 Ganz entspannt

Fachbereich: Alle Fächer

Stufe: Unterstufe/Mittelstufe

Lernziele/Kompetenzen: Das Entspanntsein bewusst erleben.
Das Entspannen lernen. Entspannen und Anspannen bewusst anwenden.

Beschreibung: Bei Entspannungsübungen geht es ganz allgemein darum, dass die Kinder sich entspannen und den möglichen Stress abbauen lernen. Sie folgen den gezielten Anforderungen der An- und Entspannung und können so in sich gehen und sich beruhigen.

Den folgenden Link kann die Lehrperson abspielen oder selber dazu sprechen:
http://www.youtube.com/watch?v=_1okyAWEWf8&list=PL58B2BCF80DFB623D

- Eine kurze Entspannungsübung in den normalen Unterricht einbauen; evtl. dazu leise Musik ertönen lassen.
- Zwischen aktiver und passiver Arbeit Entspannungspausen einbauen.

Voraussetzungen: Eine geeignete Atmosphäre schaffen.
Genügend Raum im Schulzimmer.

Material: Video, Beamer oder anderes Medium.

Tipps für die Durchführung: Mit den Kindern klare Regeln vereinbaren, damit niemand die Entspannungssequenz stört. Die Entspannung mit der Stimme auslösen. Das Verhalten der Kinder genau beobachten und darauf eingehen.

Besonderes: Die Situation ernst nehmen. Schrittweise an Entspannungsübungen heranführen.

Feedback/Lernkontrollen: Die Kinder führen zu Hause Entspannungsübungen durch und berichten in der Klasse darüber. Wer konnte seine Eltern und/oder Geschwister für die Idee begeistern?

46 Seilsprung-Verben-Training

Fachbereich: Sprachen u. a. **Stufe:** Unterstufe/Mittelstufe

Lernziele/Kompetenzen: Automatisierung der unregelmäßigen Verbformen in den Zeitformen. Verbesserung der Ausdauer.

Beschreibung: Die Kinder üben die unregelmäßigen Verbformen in den verschiedenen Zeitformen (Präsens, Präteritum, Perfekt). Gleichzeitig springen sie mit dem Springseil.

- Die Kinder dürfen auch eigene Verben mit einbeziehen.
- Die Schwierigkeiten bezüglich der Verben, aber auch bezüglich der Seilspringtechnik individuell steigern.
- Zu zweit. Beide stehen sich gegenüber und springen mit ihrem Seil. A beginnt, indem es ein Verb nennt. B versucht, die gestellte Aufgabe zu lösen. Wenn die Antwort richtig ist, dann werden die Rollen getauscht. Sonst fragt A weiter. Wie lange halten die beiden durch?
- Das gleiche Lernspiel lässt sich auch auf andere Fachbereiche übertragen.
- Wer macht Vorschläge und zeigt die Aufgabe gleich selber?

Voraussetzungen: Genügend Platz, um mit dem Seil zu springen. Am besten im Freien durchführen.

Material: Springseile. Liste der unregelmäßigen Verben.

Tipps für die Durchführung: Schwächere Kinder setzen die unregelmäßigen Verbformen nur im Präsens in die Personalformen und können die Reihenfolge der Personalformen auf einem Plakat zu Hilfe nehmen. Stärkere Kinder setzen die unregelmäßigen Verbformen jeweils im Präsens, dann im Präteritum und schließlich im Perfekt in die Personalformen, mit oder ohne Plakat.

Besonderes: Die Seilspring-Technik und Seilspring-Spielformen werden im Bewegungs- und Sportunterricht immer wieder geübt und trainiert.

Feedback/Lernkontrollen: Die Kinder können mindestens zehn unregelmäßige Verbformen seilspringend vorzeigen. Wer will, darf eine eigene Seilsprung-Verben-Lerntechnik vorzeigen. Wer kann sie gleich kopieren? Wer hat zu Hause so geübt? Wie war's?

47 Wanderdiktat

Fachbereich: Deutsch

Stufe: Unterstufe/Mittelstufe

Lernziele/Kompetenzen: Die Rechtschreibung üben. Ehrlichkeit gegenüber sich selbst – auch zu Hause – beim Wanderdiktat üben.

Beschreibung: Das Aufgabenblatt der zu übenden Wörter oder dem Text wird in einem Zimmer hingelegt; geschrieben wird jedoch in einem anderen Raum.
Die Kinder begeben sich zum Aufgabenblatt, merken sich immer ein oder zwei Wörter und dann gehen sie zurück zum Übungsheft und schreiben auf. Wenn alle Wörter bzw. der ganze Text geschrieben sind, holen die Kinder den Text und kontrollieren, ob alles richtig geschrieben ist.

- Wem gelingt es, sich auf dem Textblatt einen ganzen Satz zu merken und diesen fehlerfrei auf sein Arbeitsblatt zu übertragen?
- Zu zweit: An Stelle des geschriebenen Textes lesen die einen Kinder ein, zwei oder drei Wörter vor. Die anderen hören gut zu, begeben sich an den Platz und schreiben auf. Dasselbe auch mit ganzen, kurzen Sätzen.
- Die Kinder stellen sich eigene Aufgaben.
- Hin- und Rückweg in verschiedenen Bewegungsarten.
- Auch in einer Fremdsprache ausprobieren.

Voraussetzungen: Die Kinder können lesen.

Material: Aufgabenblatt mit Wörtern oder mit einem Text.

Tipps für die Durchführung: Die Form des Wanderdiktates schrittweise einführen und üben. Als coole Hausaufgabe: Die Kinder erhalten einen vorgegebenen Text und üben diesen zu Hause in der Wanderdiktat-Form (wer kann es ohne Aufsicht der Eltern oder Geschwister?).

Besonderes: Wie kann man sich Wörter oder Texte gut merken? Gegenseitig „Lerntricks“ verraten und austauschen.

Feedback/Lernkontrollen: Die Lehrperson führt am darauf folgenden Tag dasselbe Wanderdiktat als Test durch. Erfahrungsberichte von zu Hause erzählen lassen.

48 Hüpfspiel von Null bis Zehn

Fachbereich: Mathematik **Stufe:** Unterstufe

Lernziele/Kompetenzen: Von Null bis Zehn vorwärts und rückwärts zählen können. Die Zahlen von Null bis Zehn hüpfend laut benennen. Vorgänger und Nachfolger der einzelnen Zahlen kennen.

Beschreibung: Die Kinder zeichnen im Freien mit farbigen Kreiden auf dem Asphalt kleine Kästchen auf vertikaler Linie. In die Kästchen schreiben sie die Zahlen von null bis zehn.
Das erste Kind wirft einen Stein auf die Null und spricht die Zahl laut aus: „Null." Danach überspringt es die Null und hüpft mit beiden Beinen direkt auf die Eins, dann auf die Zwei und so weiter bis zur Zehn. Dabei spricht es die jeweilige Zahl laut aus. Wenn es bei der Zehn angekommen ist, dreht es sich um und hüpft wieder zurück. Bei der Eins bleibt es stehen und hebt den Stein von der Null auf, nennt die Zahl laut und überspringt diese wieder.

Ein anderes Kind oder die Lehrperson kontrolliert und sagt, ob alles richtig gemacht wurde. Wenn ja, darf das Kind weiter machen. Jetzt wirft es den Stein auf die Eins und macht dasselbe wie vorher. Wenn das Kind etwas falsch gemacht hat, kommt ein anderes an die Reihe und fängt bei der Null an.

- Wie oft gelingt eine ganze Serie ohne Fehler?
- Wenn es so zu schwierig ist, dann kann der Zahlenraum bis zur Fünf beschränkt werden.
- Je nach Niveau der Kinder können die Zahlen auch wie beim Spiel „Himmel und Hölle" angeordnet werden. Dann hüpfen die Kinder auf einem Bein.

Voraussetzungen: Die Zahlen von Null bis Zehn kennen. Diese Zahlen schreiben können. Auf beiden Beinen hüpfen können. Den Hauswart um Erlaubnis fragen.

Material: Farbige Kreiden. Ein Platz zum Hüpfen.

Tipps für die Durchführung: Die Lehrperson muss die Aufgabe gut erklären und vorzeigen, damit die Kinder die jeweiligen Schritte beobachten und sich diese merken können.

Besonderes: Die Aufgabe kann zu zweit oder auch mit mehreren Kindern, aber auch mit Geschwistern oder Eltern gespielt werden. Die Einführung ist im Bewegungs- und Sportunterricht gut möglich.

Feedback/Lernkontrollen: Die Kinder berichten über Ihre Erfahrungen. War es schwierig oder eher einfach? Wie oft war es ohne Fehler möglich? Bei wem haben sogar Eltern oder Geschwister mitgemacht?

49 Einmaleins ohne Grenzen

Fachbereich: Mathematik

Stufe: Unterstufe

Lernziele/Kompetenzen: Das Einmaleins kennen und vielfältig spielerisch üben.

Beschreibung: Zu zweit das Einmaleins üben.

- Auf der Schwingschaukel: beim Vorschwung die Aufgabe, beim Rückschwung das Resultat.
- Während des Spazierens: bei jedem Schritt eine neue Rechnung, bei jedem folgenden das Resultat.
- Einen Ball hin und her rollen oder – was schwieriger ist – werfen: beim Rollen bzw. Werfen eine Rechnung nennen, beim Fangen das Resultat sagen.
- Zahlen-Reihen aufsagen und gleichzeitig Seilspringen.
- Zahlen-Reihen aufsagen und gleichzeitig auf dem Trampolin im gleichen Rhythmus hüpfen.
- Treppensteigen und gleichzeitig eine Reihe üben (auf jeder Stufe eine neue Rechnung).
- Die Kinder entwickeln eigene 1x1-Trainingsspiele.

Voraussetzungen: Das Einmaleins ist bereits eingeführt.

Material: Schnur mit Rechnungskarten und Resultaten.

Tipps für die Durchführung: Im Vorfeld für jede Rechnung eine Kontrollkarte anfertigen. Auf der Vorderseite steht die Rechnung, auf der Rückseite das Resultat. Für jede Reihe eine andere Papierfarbe wählen und alle Karten geordnet an eine Schnur hängen.
So hat jedes Kind die Möglichkeit, seine Resultate zu kontrollieren.

Besonderes: Die Kinder kennen alle für diese Aufgaben notwendigen Rechnungsarten.

Feedback/Lernkontrollen: Mit welcher „Trainingsform“ ging das 1x1-Rechnen zu Hause am besten; wie war es am schwierigsten?

50 Ruhiger Blasbalg

Fachbereich: Sprache **Stufe:** Unterstufe

Lernziele/Kompetenzen: In einer Ruhephase ruhig und langsam über längere Zeit atmen. Entspannung und Spiel vereinen sich.

Beschreibung: Das Kind legt sich auf den Rücken. Es nimmt einen selbst ausgewählten Gegenstand und legt sich diesen Gegenstand auf den Bauch. Das kann ein Kuscheltier, ein Buch, ein Kissen oder ein Ball sein. Ziel ist es, den Gegenstand zehn Sekunden auf dem Bauch zu halten, ohne dass er hinunterfällt.

- Ist dies geschafft, wird ein zweiter Gegenstand dazugelegt. Wie viele Gegenstände kann das Kind am Ende gleichzeitig etwa zehn Sekunden lang auf seinem Bauch halten, ohne dass etwas hinunterfällt?
- Die Aufgabe kann mit dem Erlernen der Buchstaben im Fach Sprache verbunden werden, indem die Kinder versuchen, herauszuhören, welche der Gegenstände den gerade erlernten Buchstaben im Wort enthalten.
- Die Kinder erproben eigene Formen und stellen sich diese gegenseitig vor.

Voraussetzungen: Einige einfache Entspannungstechniken kennen.

Material: Diverse kleine Gegenstände. Je runder der Gegenstand, desto schwieriger ist es, ihn auf dem Bauch zu halten.

Tipps für die Durchführung: Die Bewegungshausaufgabe muss den Kindern im Vorfeld gut erklärt werden. Wer noch nicht so gut lesen und schreiben kann, zeichnet die Gegenstände und kreist jene ein, welche mit dem erlernten Buchstaben beginnen. Wer schon etwas besser schreiben kann, schreibt die Wörter auf. Vielleicht kann das Kind unterscheiden, ob der erlernte Buchstabe als Anfangs-, Mittel- oder Endlaut im Wort vorkommt.

Besonderes: Ruhige Atmosphäre schaffen und die Kinder schrittweise an solche Übungen heranführen.

Feedback/Lernkontrollen: Die Kinder zeichnen oder schreiben die Wörter aller Gegenstände auf, die sie gleichzeitig balancieren konnten. Sie umkreisen jene Gegenstände, welche den erlernten Buchstaben enthalten. Die Ergebnisse werden von der Lehrperson korrigiert oder gemeinsam besprochen.

51 Zehen-Spitzengefühl

Fachbereich: Sprachen / Gestalten

Stufe: Unterstufe

Lernziele/Kompetenzen: Mit den Füßen versuchen, eine Schnur so hinzulegen, dass sie einer vorgegebenen Figur entspricht. Gleichgewicht, Geschicklichkeit und Vorstellungsvermögen trainieren. Kräftigung der Bauchmuskulatur.

Beschreibung: Am Boden liegt eine lange Schnur und daneben ein Blatt, worauf eine Figur abgebildet ist. Diese Figur versucht das Kind zu legen. Es darf dazu nur die Füße benützen.

- Die Kinder wählen aus unterschiedlichen Figuren aus.
- Die Kinder legen die Figur nach Angaben eines anderen Kindes, also ohne Vorlage.
- Sie legen die Figur, indem sie auf einem Stuhl oder auf den Boden sitzen.
- Gelingt es auch mit nur einem Fuß?
- Und mit dem anderen?
- A legt eine Figur und B versucht herauszufinden, um was es sich dabei handelt. Rollenwechsel.

Die Figuren mit verschiedenen Schnurfarben gestalten. Eigene Ideen entwickeln lassen.

Voraussetzungen: Genügend Freiraum schaffen für Hände und Füße.

Material: Schnüre, eventuell in verschiedenen Farben. Ein Arbeitsblatt mit Figuren und einer kurzen Erklärung der Aufgabe.

Tipps für die Durchführung: Die Idee gemeinsam erarbeiten. Die Kinder zum kreativen Gestalten anregen.

Besonderes: Kann als Beruhigungs- oder Entspannungsübung in den üblichen Unterricht eingebaut werden.

Feedback/Lernkontrollen: Die Lernkontrolle erfolgt als Ratespiel: Ein Kind beginnt gemäß einer Vorlage (für die anderen Kinder unsichtbar) die Figur zu legen, und die anderen Kinder versuchen möglichst schnell zu erraten, welche Figur gelegt wird. Auch zu Hause geübt?

52 Roboter-Training

Fachbereich: Sprachen / Mathematik

Stufe: Unterstufe

Lernziele/Kompetenzen: In „gehackten“ Lernschritten üben.

Beschreibung: Auf einem Arbeitsblatt sollen Bilder mit dem richtigen Wort beschriftet werden. Für jeden Buchstaben steht eine kurze Linie unter dem Bild.
Die Kinder sollen die Wörter oder Zahlen „gehackt“ aussprechen wie ein Roboter und sich wie ein solcher bewegen. Jeder Schritt steht für einen Buchstaben. Dies sollen sie ein, zwei Mal machen und danach das Wort aufschreiben.

- Zu zweit: A gibt ein Wort oder einen kurzen Satz vor und B wiederholt das Wort bzw. den Satz und bewegt sich dazu in „gehackten“ Schritten.
- Eine Zahlenreihe roboterartig aufsagen (ohne Bewegung).
- Dasselbe zu zweit in Bewegung: A bewegt sich mit jedem Wort bzw. jeder Zahl einen Schritt vorwärts. Sobald sich A einer Wand nähert, klopft B ihm auf die Schultern, was STOP bedeutet. B richtet den Roboter wieder in eine neue Richtung aus und Roboter A bewegt bzw. spricht „gehackt“ weiter. Rollenwechsel.
- Vom roboterartigen zum fließenden Zählen wechseln und umgekehrt.

Voraussetzungen: Die Kinder kennen alle Buchstaben des Alphabets und können bereits gut lesen und schreiben.

Material: Arbeitsblätter mit Bildern o. Ä.

Tipps für die Durchführung: Die Aufgabe bzw. diese „Hack-Technik“ muss im Vorfeld in der Schule geübt werden.

Besonderes: Die Buchstaben müssen lautgetreu und äußerst deutlich ausgesprochen werden. Die Zahlenreihen sind bekannt.

Feedback/Lernkontrollen: Die Kinder dürfen ihr Lieblingswort oder ihren Lieblingssatz aus den Hausaufgaben in der Klasse vortragen bzw. -zeigen.

53 Muster-Sammler

Fachbereich: Zeichnen / Gestalten / Mensch und Umwelt

Stufe: Unterstufe/ Mittelstufe

Lernziele/Kompetenzen: Verschiedenste Oberflächen erkunden, kennen und zuordnen lernen.

Beschreibung:
Unterstufe: Jedes Kind sammelt fünf bis sieben interessante Muster auf dem Schulweg mittels Abrieb-Technik. Im Umfeld zu Hause sollen weitere Muster gesammelt werden.
Mittelstufe: Nachdem im Unterricht die Bäume Thema waren, sammeln die Kinder auf dem Heimweg oder zu Hause in der Umgebung Abriebe von verschiedenen Bäumen.

- Welcher Abrieb gehört zu welchem Baum/Blatt?
- Wo hat es in unserer Umgebung noch weitere solche Bäume?
- Wer kann mit geschlossenen Augen eine Oberflächenstruktur erkennen bzw. wie ein Sehbehinderter mit seinen Fingern „ablesen“?

Voraussetzungen: Die Abrieb-Technik muss vorgängig geübt und elementar beherrscht werden.

Material: Zehn dünne A4-Zeichenblätter, Farbstifte oder Kreide.

Tipps für die Durchführung: Jedes Kind gestaltet mit den Musterblättern ein Bild (z. B. eine Stadt, eine Landschaft, ein kleines „Kunstwerk“). Oder die ganze Klasse gestaltet ein gemeinsames Bild auf einer großen Wand. Oder die Kinder gestalten ein Bild in kleinen Gruppen (z. B. ein Fantasie-Tier), und zusammen ergibt das ein gemeinsames Bild.
Hinweis auf die Blindenschrift: Sehbehinderte Menschen können mit ihren Fingern „lesen“, indem sie ganz feine Punktkombinationen spüren. Kannst du das auch? Sehbehinderung thematisieren.

Besonderes: Als Vorbereitung im Schulzimmer auf dem Schulgelände verschiedene „Abriebe“ ausprobieren. Und so wird's gemacht: Das Blatt auf einen interessanten, reliefartigen Untergrund legen und mit Kreide oder Farbstifte das Blatt an dieser Stelle mit wenig Druck schraffieren, bis das Motiv auf dem Blatt erscheint.

Feedback/Lernkontrollen: Wer hat zu Hause oder andernorts ganz spezielle Abrieb-Muster entdeckt?

Hast du noch
eine andere
coole Idee?

IV

Mittelstufe ab 4. Schuljahr

1 Einleitung

Schulkinder in der zweiten Hälfte der Primarschule beginnen sich immer mehr von ihren Eltern abzulösen. Konflikte im Elternhaus nehmen in dieser vorpuberalen Phase oft zu und können sich auch auf die Schule und die schulischen Leistungen des Kindes auswirken. Peergroups werden gebildet und dort werden die Probleme in erster Linie besprochen. Das heißt, dass in dieser Phase der Entwicklung vermehrt auch Lern- und Hausaufgaben als Gruppenarbeit konzipiert werden sollten.

Die immer mehr ausgeprägte Fähigkeit zur Hypothesenbildung (wenn ... dann) erfordert seitens der Lehrperson zusehends auch Begründungen von angeordneten Maßnahmen und Aufgaben. Kinder sind am Ende der Primarschule auch sehr empfänglich für Begründungen im medizinisch-prophylaktischen und im lernpsychologischen Bereich. Wenn die Lehrperson den Kindern begründen und sie davon überzeugen kann, weshalb sie jeden Tag die Zähne auf einem Bein stehend putzen, sich regelmäßig bewegen und sich – wenn nicht unbedingt nötig – nicht von den Eltern in die Schule fahren lassen sollen, dann können dies viele Kinder nachvollziehen. Wenn die Lehrperson den Kindern aufzeigt, dass regelmäßiges Üben und Trainieren zu einem fitten, „coolen" Körper wesentlich beiträgt, dass nach einer gewissen Zeit intensiven Lernens eine aktive Pause die Sauerstoffversorgung ins Hirn „ankurbelt", dann erhalten Bewegungssequenzen einen für viele Kinder nachvollziehbaren Sinn und sie empfinden es als „echt cool".

In dieser Phase entwickelt sich eine andere Denkfähigkeit. Immer mehr können Aufgaben vom konkreten hin zum abstrakten Denken gestellt werden. Müssen auf der Unterstufe oft konkrete Maßnahmen für die Lösung einer Aufgabe umgesetzt werden, sind im fortgeschrittenen Schulkindalter vermehrt abstrakte Denkprozesse dafür notwendig. So wird es umso wichtiger, dass die physische Bewegung nicht auf der Strecke bleibt. Die Erfahrung in der Praxis zeigt, dass mit dem Wandel dieser Denkprozesse häufig auch weniger Bewegung im Schulalltag verbunden ist. Mit den nachfolgenden Ideen für coole, Bewegende Hausaufgaben wird den Lehrpersonen die Möglichkeit geboten, diesem Umstand Rechnung zu tragen und mangelnder Bewegung auf eine weitere Art aktiv entgegen zu wirken.

Dass die Kinder in diesem Alter immer besser Wahrnehmung und Bewegung miteinander koordinieren können, ihre Muskelkraft sowie das Breiten- und Längenwachstum schnell zunehmen und sie sich im besten motorischen Lernalter befinden, prädestiniert diesen Lebensabschnitt für regelmäßige Bewegungsaktivitäten. Es geht dabei nicht um Sportförderung, sondern in erster Linie um Bewegungsförderung aus Gründen der Gesundheitsprophylaxe und der Lernförderung. Die systematische Berücksichtigung motorischer Anteile von Lerninhalten stützt und bedingt nachhaltiges Lernen in allen fachlichen und überfachlichen Bezügen. Um dies zu erreichen, sollte die Lehrperson neben Bewegungselementen im Unterricht auch Bewegende coole Hausaufgaben in ihr Repertoire aufnehmen.

Der Mensch sitzt noch nicht lange, aber zuviel. Unsere Sitzkultur hat einen Vorläufer in den Chorgestühlen des Mittelalters. Die mächtigen Kirchenherren saßen auf ihren thronähnlichen Stühlen. Es wurde gesessen, um Macht zu demonstrieren, als Statussymbol, aber nicht als Dauerposition. Die wohlhabenden Bürger leisteten sich in der Folge Stühle für ihre Stuben. Sie verringerten die Distanz zu den Mächtigen in der Gesellschaft und hoben sich gleichzeitig von den unteren Schichten ab, die noch kaum über Stühle verfügten. Im Zuge der industriellen Entwicklung wurde der Stuhl zum Allgemeingut und jeder Mensch durfte auf seinem eigenen „Thron“ sitzen.

Inzwischen sind wir soweit, dass wir häufiger sitzen als gehen und stehen. Doch dies könnten – nein: sollten – wir ändern!

54 Akrobaten-Englisch

Fachbereich: Sprachen / Mathematik **Stufe:** Mittelstufe/Oberstufe

Lernziele/Kompetenzen: Das Gleichgewicht halten.

Beschreibung: Jedes Kind hält sein course-book in einer Hand. Nun stellt es einen Fuß auf das Kissen, den anderen zieht es nach hinten oben wie ein Flamingo. Sobald das Kind im Gleichgewicht ist, legt es sein course-book auf den Kopf und versucht, dieses zu balancieren (bei Unsicherheit die Hände auf Kopfhöhe bereithalten). Während des Balancierens stellt es sich in vier Sätzen auf Englisch vor: „My name is Peter. I am 13 years old. I live in Lucerne. I have two brothers and one sister."

- Dasselbe mit geschlossenen Augen durchführen.
- Dasselbe auch in einer anderen Fremdsprache oder in einem anderen Fachbereich ausprobieren.
- Beispiel Mathematik: A steht in der Flamingo-Stellung. B stellt A eine Rechenaufgabe. Wenn A die Aufgabe lösen kann, erhält er einen Punkt. A bleibt so lange im Spiel, wie er das Gleichgewicht halten kann. Nachher ist Rollenwechsel. Wer erhält mehr Punkte in einer Serie?
- Anstatt auf dem Boden oder einem Kissen auf einen Balancierkreisel.

Voraussetzungen: Minimaler Englisch-Wortschatz.

Material: Ein Kissen. Ein activity-book, course-book oder ein Lernheft.

Tipps für die Durchführung: Schrittweise einführen: zuerst nur die Flamingo-Stellung. Dann den Stand auf der wackeligen Unterlage. Schließlich mit einem Gegenstand auf dem Kopf.

Besonderes: Die Übung lässt sich überall durchführen.

Feedback/Lernkontrollen: Lernkontrolle zu zweit: Das eine Kind nimmt die Balance-Haltung ein und stellt sich auf Englisch vor, nachher gibt es ein Feedback und zum Schluss werden die Rollen gewechselt.

55 Vom Aschenputtel inspiriert

Fachbereich: Bewegung und Sport

Stufe: Unterstufe/Mittelstufe

Lernziele/Kompetenzen: Gezielt entspannen lernen. Eine Bewegungsfolge ausführen und diese immer weiterentwickeln.

Beschreibung: Im Märchen ruft Aschenputtel ihrem Bäumchen zu: „Bäumchen, rüttle dich und schüttle dich, wirf Gold und Silber über mich." Jetzt spielen die Kinder dieses Bäumchen und machen Folgendes:
Sie stellen sich gerade hin. Dann hüpfen sie ganz locker auf der Stelle. Während des Hüpfens schütteln sie locker ihre anderen Körperteile: Die Schultern, die Arme, die Beine, die Hände. Das dauert etwa eine Minute. Nun drehen die Kinder den Kopf ganz langsam von links nach rechts und zurück. Das dauert wiederum etwa eine Minute. Zum Schluss wird das Hüpfen und Schütteln der Körperteile nochmals wiederholt.

- Die Kinder erfinden eigene Bewegungsfolgen mit dem Ziel, sich zu lockern und zu entspannen.
- Zu zweit oder in Gruppen: Eine eigene kleine Entspannungs-Bewegungsfolge erarbeiten und diese den anderen Kindern vorführen. Jedes Kind entscheidet sich für einen Vorschlag und versucht, diese Idee zu Hause mit Eltern und/oder Geschwistern durchzuführen.

Voraussetzungen: Einige Lockerungs- und Entspannungsübungen kennen.

Material: Freizeitkleider.

Tipps für die Durchführung: Entspannungsübungen im Verlauf des Unterrichts durchführen, wenn die Klasse sehr angespannt ist.
Für Abwechslung und gute Stimmung sorgen. Selber mitmachen.
Die Kinder mit einbeziehen und ihre eigenen Ideen übernehmen.

Besonderes: Auf die Wirkung von Lockerungs- und Entspannungsübungen aufmerksam machen. Geeignete Techniken im Bewegungs- und Sportunterricht einüben.

Feedback/Lernkontrollen: Ein Kind zeigt allen eine selbst erfundene Entspannungs- und Lockerungs-Bewegungsfolge. Diese wird von allen anderen kopiert. Anderntags ist ein anderes Kind an der Reihe.
Wie war das „Echo" zu Hause?

56 Ballon-Lern-Atelier

Fachbereich: Sprachen / Mensch und Umwelt   **Stufe:** Mittelstufe/Oberstufe

Lernziele/Kompetenzen: Farben mit Begriffen verbinden. Ballone in der Luft jonglieren. Koordination verbessern.

Beschreibung: Jedes Kind versucht, zuerst einen und dann zwei verschiedenen farbige Ballone durch Antupfen mit den Händen in der Luft zu halten. Die Ballone sollten dabei nie auf den Boden fallen. Beim Antupfen eines Ballons nennen die Kinder die Farbe des Ballons sowie auch einen zur Farbe passenden Begriff.
Beispiel für den Englischunterricht. Die Begriffe stammen aus dem Englisch-Wortschatz. Die Verbindung der Farbe mit dem Begriff wird mit „like a/an/the“ gemacht.

Durchgang 1: Grün wird angetupft. „Green like a cucumber.“
Rot wird angetupft. „Red like a tomato“.

Durchgang 2: Grün wird angetupft. „Green like a tree.“
Rot wird angetupft. „Red like an apple.“

Durchgang 3: Grün wird angetupft. „Green like a salad.“
Rot wird angetupft. „Red like a strawberry.“

- Einen Bereich auswählen, zu welchem die Farben passen: Lebensmittel, Getränke, Tiere.
- Wer wagt dasselbe mit drei verschiedenfarbigen Ballonen?
- Auch in einer anderen Sprache versuchen.
- Zehnerlein-Jonglierformen kreieren (jede einzelne Spielform 10-mal).

Voraussetzungen: Minimaler Fremdwörter-Grundwortschatz.

Material: Ballone in unterschiedlichen Farben.

Tipps für die Durchführung: Jonglieren im Sportunterricht schrittweise einführen. Die Kinder zu eigenen Ideen anregen.

Besonderes: Die Idee lässt sich auf verschiedene Lernbereiche übertragen. Sie fördert das Spielerische beim Lernen und eignet sich auch gut in der Ball-Grundschule, zum Beispiel für Volleyball.

Feedback/Lernkontrollen: Wer war zu Hause am besten: die Eltern, die Geschwister oder du?

57 Histoire du jour

Fachbereich: Sprachen (am Beispiel Französisch) **Stufe:** Mittelstufe/Oberstufe

Lernziele/Kompetenzen: Den Wörtern matin, midi, après-midi und soir gezielte Aktivitäten zuordnen. Anhand von Bildern einen Tagesablauf auf Französisch schreiben oder erzählen.

Beschreibung: Alle Kinder stellen Kärtchen her, auf denen Tätigkeiten gezeichnet sind. Beispiele: manger des fruits, regarder le télé, jouer au foot ...

Es werden vier Posten (Sonnenstand-Zeichnung) gebildet:
Posten 1: Wenn die Sonne aufgeht (matin).
Posten 2: Wenn die Sonne hoch am Himmel steht (midi).
Posten 3: Wenn die Sonne sich langsam neigt (après-midi).
Posten 4: Wenn die Sonne untergeht (soir).

Nun werden die Kärtchen verdeckt zu den vier Posten hingelegt. Die Kinder nehmen das Heft und schreiben den Titel „Mon histoire du jour".

Jetzt begeben sich die Kinder in verschiedenen Bewegungsarten zu den einzelnen Posten, nehmen ein Kärtchen auf, merken sich die Zeichnung (jouer au foot), bewegen sich wieder zurück und schreiben den passenden Satz ins Heft (Le matin je joue au foot). So entsteht ein Tagesablauf mit vier Sätzen.

Bewegungsarten sind hüpfen, laufen, gehen auf allen Vieren, hüpfen wie ein Frosch, rückwärtsgehen ...

- Den gerade aktuellen Tagesablauf beschreiben.
- Dasselbe in einer anderen Fremdsprache ausführen.

Voraussetzungen: Die Begriffe matin, midi, après-midi und soir sind bekannt. Zeichnungen mit den verschiedenen Sonnenständen anfertigen.

Material: Zeichenpapier für Sonnenstand-Zeichnungen an den einzelnen Posten. Kärtchen mit Bildern. Kärtchen ausschneiden und umgekehrt bei den einzelnen Posten hinlegen. Hefte, Schreibzeug.

Tipps für die Durchführung: Für schwächere Schüler zu den Bildern bereits ganze oder zumindest teilweise ausformulierte Sätze vorgeben. Die Kinder anregen, ihren persönlichen Tagesablauf zu beschreiben, zum Beispiel in Form eines kleinen „diary".

Besonderes: Die Kärtchen für matin, midi, après-midi und soir weisen verschiedene Farben auf. Dieses Spiel kann auch in der Klasse als Stafette durchgeführt werden.

Feedback/Lernkontrollen: Die Schülerinnen und Schüler bringen vier Sätze zu einem vorgegebenen Lernbereich mit in die Schule und spielen diese anderen Kindern pantomimisch vor. Die anderen Kinder versuchen, die Tätigkeiten herauszufinden (auf Französisch).

58 Move it!

Fachbereich: Fremdsprachen (am Beispiel Englisch) **Stufe:** Mittelstufe/Oberstufe

Lernziele/Kompetenzen: Anweisungen in einer Fremdsprache lesen. Die entsprechenden Bewegungen ausführen.

Beschreibung: Jedes Kind bekommt drei Kärtchen. Auf jedem Kärtchen steht ein Satz auf Englisch im Imperativ. Die Kinder setzen diesen Befehl direkt in Bewegung um. Jeden Befehl führen sie dreimal nacheinander aus. Das gibt in der ersten Runde neun Bewegungsabläufe. Es werden drei Runden durchgeführt, das ergibt 27 Bewegungsabläufe. Die Intensität kann je nach Aufgabe frei variiert werden.

1. Go down into the position of push-ups!
2. Go into the position of sit-ups!
3. Stretch your arms and sit down!

- Die Kinder erfinden eine eigene Karte und tauschen diese mit anderen Kindern aus.
- Auch in einer anderen Fremdsprache ausprobieren.
- Spontan einen Befehl ausdenken und diesen gleich selber in Bewegung umsetzen. Beispiel: „Run around the house!“ oder: „Cours autour de la maison!“

Auf diese Weise zu Hause vorgegebene Fremdsprachen-Wörter oder -Sätze in Bewegung umsetzen.

Voraussetzungen: Die Sätze verstehen.

Material: Kärtchen mit den Sätzen.

Tipps für die Durchführung: Die Übungen können im Freien, in der Turnhalle aber auch zu Hause durchgeführt werden. Darauf achten, dass die Übungen nicht zu schwierig sind. Kinder zur Mitarbeit und zum Entwickeln eigener Aufforderungssätze motivieren.

Besonderes: Tipp: Warum nicht einmal eine Unterrichtssequenz im Bewegungs- und Sportunterricht in Englisch oder Französisch durchführen?

Feedback/Lernkontrollen: Die ganze oder die halbe Klasse führt die jeweilige Aufgabe synchron aus. Die Kinder sagen abwechslungsweise einen Satz und die andern führen die Bewegung gemeinsam aus.

59 The English Hop

Fachbereich: Fremdsprachen | **Stufe:** Mittelstufe/Oberstufe

Lernziele/Kompetenzen: Wörter lautieren (rhythmisch unterbrechen). Wörter hören und dazu hüpfen. Wörter besser speichern.

Beschreibung: Die Kinder lautieren Wörter oder einen Text auf Englisch oder Französisch, und dies kann auch „bewegt“ erfolgen.
Die Kinder lesen zuerst den Text oder die Wörter und schreiben dann wichtige Wörter heraus. Diese Wörter hüpfen sie im richtigen Rhythmus und sprechen dazu, zum Beispiel auf Französisch: „é-lé-phant“, oder auf Englisch: „e-le-phant“.

- Das Wort aussprechen und erst auf den letzten Wortteil auf ein Ziel (Reifen, Kreis, o. Ä.) springen.
- In verschiedenen Sprachen ausprobieren.
- Verschiedene Hüpfvarianten ausprobieren.
- Verschiedene Hüpf-Ziele erfinden: Kreise zeichnen, Leinen oder Schnüre legen.
- Auf diese Art auch andere Hausaufgaben „bewegt“ ausführen.

Voraussetzungen: Einen Text oder Wörter still für sich lesen können. Einen Ort suchen, wo man hüpfen kann und niemanden stört, wenn man laut dazu spricht.

Material: Text in einer Fremdsprache.

Tipps für die Durchführung: Die Lehrperson zeigt den Kindern zuerst vor, wie man Sprachsilben hüpfen kann. Die Kinder zum English Hop bei Hausaufgaben animieren.

Besonderes: Durch das Auflautieren der Sprachsilben bekommt das Kind ein noch besseres Gefühl, wie dieses Wort geschrieben wird.

Feedback/Lernkontrollen: In der Klasse werden gemeinsam einige Sprachsilben hüpfend gesprochen. Dann darf ein einzelnes Kind sein Wort und das dazu passende rhythmische Hüpfen vorzeigen und alle versuchen, dies nachzumachen.

60 Lernkarten-Balancierkünstler

Fachbereich: Fremdsprachen | **Stufe:** Mittelstufe/Oberstufe

Lernziele/Kompetenzen: Den Fremdwortschatz üben und gleichzeitig Beweglichkeit, Beinkraft und Gleichgewicht trainieren.

Beschreibung: Die Kinder legen fünf bis zehn Kärtchen in einem Stapel neben sich auf den Boden. Nun bleiben sie auf einem Bein stehen und heben eines der Lern-Kärtchen vom Stapel auf. Dann lesen sie das fremdsprachige/deutsche Wort und übersetzen es in die andere Sprache. Jetzt drehen sie das Kärtchen um, kontrollieren sich selbst und legen das Kärtchen wieder auf den Boden. Wenn die Antwort richtig war, wird das Kärtchen auf die gleiche Seite gelegt. Wenn die Antwort falsch war, wird das Kärtchen auf die andere Seite gelegt. So wird der ganze Stapel durchgespielt.

Danach wechseln die Kinder das Standbein und üben mit dem Stapel auf der anderen Seite der Füße weiter, also mit den Wörtern, die sie das erste Mal nicht richtig übersetzt haben. Dies machen sie so lange, bis alle Kärtchen auf der richtigen Seite liegen.

- Bei Schwierigkeiten mit dem Gleichgewicht legen sie die Kärtchen auf das Pult oder auf einen niederen Stuhl und führen die Übung im Stehen auf einem Bein aus.
- Die Übung ist auch auf andere Bereiche übertragbar.

Voraussetzungen: Kenntnis eines minimalen Fremdwortschatzes.

Material: Lern-Kärtchen, beidseitig beschriftet. Auf einer Seite deutsch, auf der anderen in einer Fremdsprache.

Tipps für die Durchführung: Die Kinder anregen, oft mit solchen Lernkarten (Lernkarteien) – kombiniert mit Bewegen – zu lernen und Begriffe in einer Fremdsprache zu üben. Eine systematische Anleitung durch die Lehrperson motiviert.

Besonderes: Die Kinder kennen die zu übenden Wörter. Die nicht einfache Beuge- und Hebetechnik wird im Bewegungs- und Sportunterricht eingeübt. Beispiel Einbeinstand: Einen Bändel mit der rechten Hand auf den Boden legen, sich aufrichten und ihn dann mit der linken Hand wieder aufnehmen.

Feedback/Lernkontrollen: Die Lehrperson wählt einige Kärtchen aus. Ein Kind beginnt und darf so lange im Zentrum bleiben, wie es richtige Antworten geben kann. Bei einem Fehler oder nach vier richtigen Antworten wird gewechselt. Ist auch zu zweit möglich. Wer hat versucht, auch zu Hause so zu lernen?

61 Vor dem Spiegel

Fachbereich: Fremdsprachen

Stufe: Mittelstufe/Oberstufe

Lernziele/Kompetenzen: Verben immer besser konjugieren können und dies spielerisch trainieren.

Beschreibung: Die Kinder erhalten eine Liste mit Verben in konjugierter Form in allen Personalformen auf Englisch. Die Grundform steht auch auf Deutsch (z. B. reinigen) auf dem Blatt. Zuerst spricht das Kind das Verb auf Englisch im Infinitiv (to clean) aus und dann in allen Personalformen. Dabei darf das Blatt oder ein selbst geschriebener „Spickzettel" angeschaut werden. Dann wird dazu bewegt.

- Partner-Spiegel: A und B stehen sich frontal gegenüber. A wählt ein Verb und beginnt mit der oben beschriebenen Bewegungsform.
  B schaut und hört genau zu, merkt sich sowohl das Verb als auch die vorgetragene Konjugation und allfällige Fehler. Dann wiederholt A das Lernspiel nochmals und B versucht, dieses spiegelbildlich zu kopieren. Wenn es gelungen ist, werden die Rollen getauscht: B macht vor, und A beobachtet usw. Nach einer gewissen Übungszeit die Lernpartnerschaften wechseln (neue Zweiergruppen).
- Vor dem Spiegel zu Hause: Das Kind steht vor einem Spiegel, wählt ein Verb aus, hüpft wechselseitig links und rechts und konjugiert das entsprechende Verb möglichst ohne Unterbruch.

Voraussetzungen: Verben sind bereits eingeführt. Die richtige Aussprache ist gelernt. Die Bedeutung der Verben ist bekannt.

Material: Eine Verbenliste in großer Schrift auf einem Blatt Papier.

Tipps für die Durchführung: Nicht zu viele Verben auf einmal, sondern eine machbare Menge. Die Verben werden der Stufe angepasst und können mit den verschiedenen Zeitformen erweitert werden. Zu Hause: Das Kind zeigt eine Bewegung, und die Eltern oder Geschwister erraten, worum es sich handelt. Dann konjugiert das Kind das Verb auf Englisch oder Französisch oder …

Besonderes: Solche Bewegte Lernformen bringen Abwechslung in den Unterricht und machen den Kindern mehr Spaß als trockenes „Pauken" der Verben.

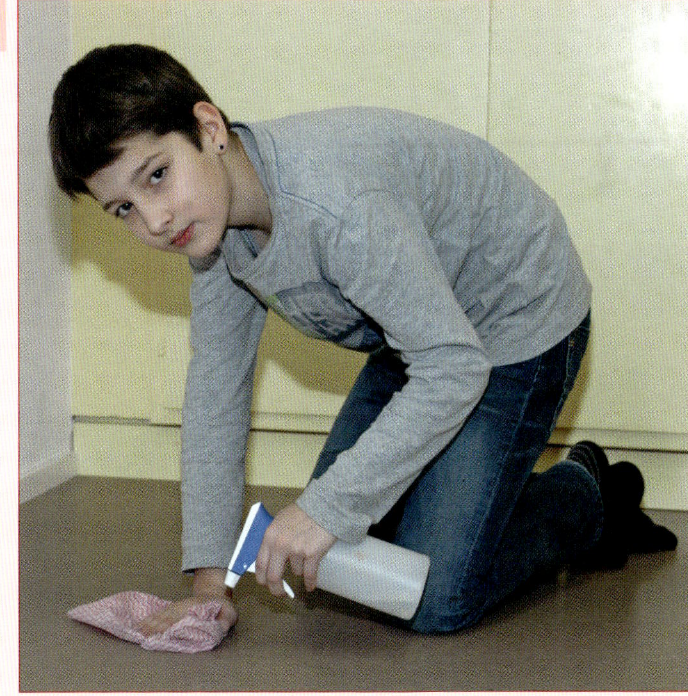

Feedback/Lernkontrollen: Die Kinder werden angeleitet, dieses Lernspiel auch zu Hause – wenn möglich durch jemanden kontrolliert – anzuwenden. Wer will, darf anderntags ein Verb vor der ganzen Klasse „bewegt" konjugieren. Nach einem Durchgang machen alle anderen Kinder gleich mit.

62 Wand-Lern-Stuhl

Fachbereich: Sprachen u. a. **Stufe:** Mittelstufe/Oberstufe

Lernziele/Kompetenzen: Krafttraining mit Lesen kombinieren. Kräftigung der Beinmuskulatur. Die Wandsitz-Position eine längere Zeit halten können. Sich trotz unbequemer Haltung konzentrieren können.

Beschreibung: Die Lernenden suchen sich einen geeigneten, ruhigen Platz im Schulzimmer, in der Wohnung oder im Freien. Die Kinder kombinieren das Wand-Sitzen mit dem Lesen. Das Ziel ist, möglichst lange in der Wandsitz-Stellung zu lesen. Die Wandsitz-Intervalle werden durch beliebig gewählte Pausen unterbrochen. In diesen Pausen lesen die Kinder entspannt auf einem Stuhl, auf dem Bett oder am Boden.

- Zu zweit: A in Wandsitz-Position wird von B etwas aus dem aktuellen Lernbereich gefragt. Wenn A die Frage richtig beantwortet, werden die Rollen getauscht. Ist die Antwort falsch, muss A (im wahrsten Sinn des Wortes) sitzen bleiben und versuchen, die nächste Frage richtig zu beantworten. Nach zwei falschen Antworten werden die Rollen getauscht.
- Dieses Lernspiel ist auch auf andere Lernbereiche übertragbar.
- Auch Eltern oder Geschwister zum Wand-Sitzen einladen und auf diesen „Stühlen“ miteinander diskutieren.

Voraussetzungen: Die Technik des Wand-Sitzens ist bekannt und wurde im Unterricht mehrmals angewendet.

Material: Text oder Buch. Eine Wand. Achtung: Kein rutschender Teppich. Schuhe mit Gummisohlen oder barfuß. Dreimal vier Minuten Lesen in Kombination mit Wandsitzen. Dazwischen dreimal fünf Minuten nur Lesen.

Tipps für die Durchführung: Die Wandsitz-Haltung korrekt vorzeigen. Unkorrekte Ausführungen korrigieren. Fehlhaltungen vermeiden und nicht zu tief sitzen. Diese Haltung im Unterricht immer wieder anwenden. Auch in anderen Fachbereichen öfters anwenden.

Besonderes: Auf korrekte Haltung achten: Füße 50 bis 60 Zentimeter vor der Wand; Oberschenkel im 90-Grad-Winkel; Rücken an der Wand.

Feedback/Lernkontrollen: Die Kinder erzählen im Kreis (oder im Wandsitz), wie sie sich zu Hause auf diesem Lesestuhl gefühlt haben. Alle fassen kurz zusammen, was sie gelesen haben.

63 Das „gestörte" Hörbuch

Fachbereich: Sprachen **Stufe:** Mittelstufe

Lernziele/Kompetenzen: Die Aufmerksamkeit und Hör- und Verstehens-Fähigkeit verbessern. Sich nicht ablenken lassen.

Beschreibung: Die Kinder sitzen auf einem Stuhl und lauschen mittels Kopfhörer einem Hörtext aufmerksam zu.
Während des Hörens bewegen sie nach freier Wahl ihre Hände, Füße, oder sogar den ganzen Körper. Können sie die Geschichte trotz der „störenden" Bewegungen aufnehmen?

- Zu zweit: A und B stehen sich gegenüber und beide hören in ihrem Hörbuch. A bewegt sich und B versucht, die von A vorgezeigten Bewegung spiegelbildlich nachzumachen. Gelingt es trotzdem, dem Hörtext konzentriert zu folgen? Rollenwechsel.
- Wer hat eine weitere Idee?

Voraussetzungen: Minimale Fremdsprachen-Kenntnisse und Sicherheit im Umgang mit PC und CD.

Material: CD eines Sprachlehrmittels oder etwas Ähnliches.

Tipps für die Durchführung: Die Kinder lernen diese „gestörte Lerntechnik" im Unterricht kennen und üben sie. Ungewollte, unbeliebte (Unterrichts-) Störungen thematisieren. Wie geht man damit um? Wie kann ich jemandem freundlich und ohne zu beleidigen sagen, dass mich etwas stört? Wie kann man sich bei Störungen verhalten oder ablenken?

Besonderes: Sinnvolle Anwendung des PC im Zusammenhang mit Hausaufgaben. Oft wird man im Alltag abgelenkt, zum Beispiel in Großraumbüros, im Quartier oder bei Baulärm. Trotzdem sollte man sich konzentrieren können. Auch das kann man lernen.

Feedback/Lernkontrollen: Wer kann die von der Lehrperson oder von einem anderen Kind gestellten Fragen trotz Störungen korrekt beantworten? Die Kinder führen eigene, selbst erprobte Stör-Beispiele vor.

64 Sprachen-Parcours

Fachbereich: Fremdsprachen **Stufe:** Mittelstufe/Oberstufe

Lernziele/Kompetenzen: Sich Wörter aus einer Fremdsprache bildlich einprägen und sich gleichzeitig dazu zu bewegen.

Beschreibung: Die Kinder erhalten eine coole Fremdsprachen-Hausaufgabe mit einer Wörterliste mit englischen oder französischen Nomen. Die Aufgabe besteht darin, die Wörter in der jeweiligen Fremdsprache auf einen Post-it-Zettel zu schreiben und dann diese Gegenstände im Haus, im Garten oder in der Umgebung zu suchen. Wenn der Gegenstand gefunden ist, wird ein Foto mit dem Gegenstand und dem Post-it für das individuelle Portfolio geschossen.

- Diese Bewegungs-Hausaufgabe kann in allen Sprachen durchgeführt werden.
- Die Kinder suchen selbstständig nach Objekten, erkunden den Begriff in der jeweiligen Sprache und schreiben diesen auf.
- Die Kinder erstellen selbstständig eigene Wörterlisten, suchen die jeweiligen Gegenstände oder Orte und bringen ihre eigene Wörterliste mit in den Unterricht. Dort werden diese Listen vorgestellt und ausgetauscht. Dadurch ergibt sich wieder ein neuer Sprachen-Parcours.

Voraussetzungen: Minimaler Wortschatz. Kenntnis in der Fremdwörter-Suche.

Material: Wörterliste, erstellt durch die Lehrperson oder die Kinder selbst. Kamera. Smartphone. Post-it-Zettel. Stift.

Tipps für die Durchführung: Die Wortwahl gut überlegen und darauf achten, dass keine Gefahren provoziert werden, zum Beispiel mit „river“ (Fluss), „pond“ (Weiher) oder „forest“ (Wald). Lernparcours mit Gegenständen, welche von den Kindern in den Unterricht mitgebracht wurden, auch in den üblichen Fremdsprachen-Unterricht einbauen.

Besonderes: Die Lehrperson kann durch die Wörterauswahl beeinflussen, wo sich die Lernenden bewegen sollen. Es können Wörter aus der Natur sein wie zum Beispiel „tree“ oder auch Wörter, welche man im Haus finden kann wie zum Beispiel „table“, „television“, „stair“, „window“ usw.

Feedback/Lernkontrollen: Fotos im eigenen Portfolio einbauen und vorzeigen. Falls keine Kamera zur Verfügung steht, kleine Gegenstände als Beweisstücke mit in die Schule bringen, zum Beispiel „stone“ (Stein) oder „leaf“ (Blatt). Diese Gegenstände ausstellen und so im Unterricht weiter verwenden.

65 Der Vorleser

Fachbereich: Sprachen | **Stufe:** Mittelstufe/Oberstufe

Lernziele/Kompetenzen: Einen Text unter erschwerten Bedingungen verständlich und flüssig vorlesen können.

Beschreibung: Zu Hause einen Text üben, und zwar möglichst häufig auf eine andere Art.

- Im Hausgang stehend flüstern.
- Auf einem Balanciergerät stehen und gleichzeitig lesen.
- Zum Fenster hinaus rufen.
- Den Text nur summen.
- Im Kinderzimmer stumm lesen, den Text mit dem Finger begleiten.
- Sich selber beim langsamen Gehen halblaut deutlich vorlesen.
- Die saubere Aussprache bewusst etwas übertreiben.
- Im Freien, vor einer Wand stehend, und dabei jede Silbe deutlich aussprechen.
- Den Eltern, Geschwistern oder den Nachbarn vorlesen.
- Auch in einer Fremdsprache?
- Eigene Ideen?

Voraussetzungen: Lesen und Textverständnis. Eventuell Kenntnis verschiedener Textarten.

Material: Ein lustiger oder besonders spannender Text, Umfang eine halbe Seite für jedes Kind. Dauer etwa 20 Minuten.

Tipps für die Durchführung: Anleiten, wie man einen Text interessant vorlesen kann. Wem hört man beim Vorlesen besonders gerne zu, und warum? Welche Tagesschausprecherin kommt bei dir am besten an, und warum?

Besonderes: Jedes Kind hat einen anderen Text. Beispiele: Einen Witz, eine lustige Kurzgeschichte, einen Kinderkrimi, einen ernsten Text, eine Fabel, eine Betriebsanleitung.

Feedback/Lernkontrollen: Die Kinder üben zu Hause, wählen eine für sie geeignete Form aus und tragen anderntags den Text in ihrer Lese-Form der Klasse vor.

66 Zeit-Sprünge

Fachbereich: Sprachen / Mathematik u. a. m. **Stufe:** Mittelstufe

Lernziele/Kompetenzen: Die Zeiten Gegenwart, Vergangenheit und Zukunft in der Bewegung üben. Fairness beim Zählen.

Beschreibung: Auf dem Boden wird das Zeichen X markiert. A ist der Sprecher, B ist der Springer. A hat eine Verbenliste in der Hand. B startet beim X, das ist der Startpunkt und zugleich die Gegenwarts-Form.
Ein Sprung zurück ist Vergangenheit, ein Sprung nach vorne ist Zukunft, ein Sprung auf der Stelle bedeutet Gegenwart. Auch im Freien möglich.

- Zu zweit: A nennt ein konjugiertes Verb aus der Verbenliste. Dann springt ein anderes Kind zur richtigen Zeitform. Für jeden richtigen Zeit-Sprung erhält B einen Punkt, bei einem falschen Sprung geht der Punkt an A. Um die Punkte zu zählen, können Steinchen gelegt oder eine Strichliste geführt werden. Gewonnen hat, wer am meisten Punkte gesammelt hat.
- Die Kinder führen weitere Sprungarten wie Einbeinhüpfen, Froschhüpfen oder Känguru-Sprünge aus.
- Wer erfindet eine weitere Zeit-Sprung-Spielform?
- Auch im Fremdsprachenunterricht möglich.
- Ebenso in anderen Fachbereichen wie Mathematik möglich, z. B. mit geraden und ungeraden Zahlen.
- Versucht, die verschiedenen Zeiten auf diese Weise zu Hause zu üben!

Voraussetzungen: Diese Zeitformen sind eingeführt.

Material: Eine Verbenliste. Ein X auf dem Boden, im Freien mit Kreide markiert. Mindestens zehn Steinchen oder eine Strichliste, um die Punkte zu registrieren.

Tipps für die Durchführung: Mit den Kindern im Unterricht dieses Zeit-Lern-Spiel systematisch einüben. Wenn man sich zu einem Lernproblem gleichzeitig bewegt, dann bleibt das zu Lernende besser im Gedächtnis haften. Die Eltern und/oder Geschwister einladen, als Vorleser mitzumachen und dann die entsprechenden Zeit-Richtungen hüpfen. Auch als Reaktions-Lernspiel anwenden (für genügend Bewegungs-Freiraum sorgen!).

Besonderes: Durch die Zeitsprünge kann das Verständnis für die verschiedenen Zeiten in den Sprachen unmittelbar bewegt erlebt und dadurch vertieft werden. Kann auch als Sprung-Station in einem kleinen Bewegungsparcours eingebaut werden. Vergangenheit: zehnmal rückwärts hüpfen; Gegenwart: zehnmal Seilspringen auf der Stelle; Zukunft: zehnmal vorwärts Froschhüpfen.

Feedback/Lernkontrollen: Wie habt ihr zu Hause diese Lerntechnik erlebt? Wer will, darf im Unterricht das Zeiten-Hüpfen vorzeigen. Die zuschauenden Kinder sind „Experten“ und kontrollieren, ob das Gezeigte und Gesagte richtig ist.

67 Auf Verben-Suche

Fachbereich: Sprachen

Stufe: Mittelstufe/Oberstufe

Lernziele/Kompetenzen: Verben in einem Satz erkennen und diese in Bewegung umsetzen können.

Beschreibung: Die Kinder erhalten ein Arbeitsblatt mit Sätzen (siehe nebenan). Die Verben in den Sätzen sollen in Bewegung umgesetzt werden. Steht zum Beispiel „läuft", dann müssen sie laufen. Die Kinder versuchen, jedes Verb mit der passenden Bewegung darzustellen. Dann unterstreichen sie die Verben oder markieren sie mit einer Farbe. Zum Schluss lesen sie den Text nochmals und versuchen, das Lesen und die Bewegungen möglichst fließend zu gestalten. Um dies zu üben, können die Kinder das Blatt an die Wand hängen, damit sie sich frei bewegen und trotzdem gut ablesen können.

- Die Kinder schreiben eine eigene Geschichte und markieren die Verben. Nun tragen sie ihre Geschichte vor, aber sie nennen die Verben nicht, sondern sie versuchen, diese pantomimisch darzustellen. Die anderen Kinder hören zu und versuchen, das jeweilige Verb zu erkennen. Wer es herausgefunden hat, darf es laut sagen. Wer sammelt so die meisten „Entdeckungs-Verben"?
- Auch im Fremdsprachenunterricht möglich.

Voraussetzungen: Verben sind eingeführt und wurden im Unterricht vielfältig angewendet.

Material: Arbeitsblatt mit Text.

Tipps für die Durchführung: Die Lehrperson liest der Klasse einige Beispiele vor. Der Text kann je nach Stufe geändert werden. Dabei sollte man jedoch darauf achten, dass die Verben gut in Gesten und Bewegungen umgesetzt werden können. Als coole Hausaufgabe: Jemandem zu Hause einen Text vorlesen und anstatt die Verben zu lesen sich dazu passend bewegen. Ob's die Zuhörer verstehen werden?

Besonderes: Für die Verben „haben" und „sein" wird je eine spezifische Geste – eine Art Blindensprache – mit der Klasse vereinbart, da diese beiden Verben häufig vorkommen, jedoch schwer mit Gesten darzustellen sind.

Arbeitsblatt

Nina öffnet die Tür. Timo läuft zur Tür hinein. Nina freut sich sehr, dass sie Timo sieht. Beide hüpfen fröhlich im Zimmer umher. Nina und Timo gehen ins Freie. Dort klettern sie auf einen hohen Baum. Beide springen anschließend vom Baum hinunter und legen sich ins grüne Gras. Nina rollt im Gras hin und her, bis sich alles um sie herum dreht. Plötzlich steht Ninas Mutter am Küchenfenster und pfeift. Nina hört es und geht schnell nach Hause.

Feedback/Lernkontrollen: Ein Kind liest den Text vor und macht bei den Verben die passende Bewegung dazu. Die Zuhörenden nennen alle Verben und machen die passenden Gesten/Bewegungen dazu.

68 Seilsprung-Lerncomputer

Fachbereich: Mathematik u. a.

Stufe: Mittelstufe/Oberstufe

Lernziele/Kompetenzen: Das Einmaleins während des Seilspringens festigen. Gleichzeitig koordinative Fähigkeiten üben, Ausdauer und Kräftigung trainieren. Fairness beim Ausfüllen des Sprung-Protokolls.

Beschreibung: Während des Seilspringens werden Einmaleins-Reihen geübt. Das seilspringende Kind versucht, trotz der intensiven Bewegung die gestellten Aufgaben zu lösen. Die Rechenaufgaben können aus einer bestimmten Reihe, also zum Beispiel aus der Siebenerreihe wie 3×7 stammen, oder aber gemischt aus allen Reihen. Eltern, Geschwister, Freunde oder ein Lernpartner stellen die Aufgaben.

Dieses „Bewegte Lerntraining“ dauert über eine längere Zeitspanne an und wird möglichst häufig ausgeführt.

- Sprachen: Trennregeln üben. A springt mit dem Seil. B gibt ein Wort vor, das getrennt werden soll. Beispiel „Hausaufgaben“. A springt mit dem Seil, überlegt und trennt dann in seinem Seilsprung-Rhythmus: Haus-auf-ga-ben.
- Seilsprungtechniken variieren: Überkreuzsprünge, Doppelhüpfen, Zweier-Schnelldurchlauf …
- Zu dritt: A und B schwingen ein Seil, und C springt in der Mitte. A und B stellen abwechslungsweise die Aufgaben. C darf so lange springen, wie sie/er richtige Antworten gibt.

Voraussetzungen: Grund-Technik des Seilspringens beherrschen. Genügend Platz.

Material: Sprungseile. Verschiedene Einmaleins-Aufgaben.

Tipps für die Durchführung: Systematisches Heranführen an diese Lerntechnik: Zuerst das Seilspringen lernen. Dann Aufgaben ohne Seil nur hüpfend lösen. Erst dann die Kombination mit Seilspringen und Lernen anwenden. Die Kinder für eigenständige Seilsprung-Lerntechniken motivieren.

Besonderes: Die Idee kann auch auf andere Fachbereiche übertragen werden. Die Technik des Seilspringens kann im Rahmen des Bewegungs- und Sportunterrichts gezielt gefördert und sollte immer wieder geübt werden.

Feedback/Lernkontrollen: Auf einem Protokoll wird mit der Unterschrift bestätigt, wenn eine Übungseinheit während mindestens fünf Minuten korrekt durchgeführt wurde. Wer möchte, darf sein Lernprogramm den anderen Kindern zeigen.

69 Power-Einmaleins

Fachbereich: Mathematik u. a. **Stufe:** Mittelstufe/Oberstufe

Lernziele/Kompetenzen: Eine Rechenübung mit Bewegung kombiniert, so schnell wie möglich ohne Fehler ausführen. Fairness.

Beschreibung: Das Kind hält die Einmaleins-Kärtchen als Stapel vor sich. Nun schaut es die erste Rechnung an und hüpft sofort beidfüßig die Anzahl des größeren Faktors auf der Stelle. Nachher sagt es das Ergebnis der Multiplikation. Dann geht die Karte ans Ende des Stapels, die nächste Rechnung wird gelöst.
Beispiel: sieben mal neun. Das Kind hüpft neunmal ein- oder beidfüßig und sagt dann das Resultat laut: 63.

- Eine Rechnung mit links, die andere mit rechts hüpfen.
- Auf der Stelle so schnell wie möglich die Anzahl des größeren Faktors spurten, also Laufen auf der Stelle.
- Froschhüpfen: In die Knie gehen, die Hände auf den Boden aufsetzen und dann einen Strecksprung ausführen.
- Vor- und Rückwärtshüpfen.
- Seitwärts hüpfen.
- Kärtchen hinlegen und abwechslungsweise mit rechts und links nach vorne in die Luft boxen. Beispiel sieben mal neun: insgesamt 18-mal, mit beiden Händen je neunmal, nach vorne boxen.
- Eigene Übungen erfinden, bei denen man sich intensiv bewegen muss.
- Auch im Fremdsprachunterricht: Anstatt das Resultat auf Deutsch zu sagen, dies auf Englisch oder Französisch tun.

Voraussetzungen: Das Einmaleins gut kennen.

Material: Einmaleins-Rechnungen auf einzelnen Kärtchen.
Ein „Coole-Hausaufgaben-Heft“. Eventuell Springseile.

Tipps für die Durchführung: Die Klasse anspornen, dieses Training häufig auszuführen. Die Kontroll-Partner häufig wechseln. Auch einmal ohne Kontrollpartner durchführen und dabei Fairness üben.

Besonderes: Den Kindern wird mit dieser Hausaufgabe einiges an Selbstverantwortung übergeben. Betrügen ist nicht fair und wenn du dies tust, dann betrügst dich selbst!

Feedback/Lernkontrollen: A (Eltern, Geschwister, ...) zeigt eine Rechnung und B hüpft fortwährend. A kontrolliert, ob die Übung richtig ausgeführt wird und ob das Resultat stimmt. Die Kriterien werden gegenseitig ausgehandelt. Dann erfolgt der Wechsel.

70 Mathe-Stafette

Fachbereich: Mathematik **Stufe:** Mittelstufe

Lernziele/Kompetenzen: Die Konzentration fördern. Fairness beim Lösen der Aufgabe, auch wenn kein Schiedsrichter anwesend ist.

Beschreibung: Jedes Kind bekommt zwei Arbeitsblätter. Ein Arbeitsblatt enthält Rechnungen, die im Kopf zu lösen sind. Auf dem anderen Arbeitsblatt befinden sich die Lösungen. Diese Lösungen schneidet es aus.
Dann legt es das Aufgabenblatt auf das Pult und die ausgeschnittenen Lösungen etwa zehn Meter entfernt auf den Boden.
Das Kind löst die erste Aufgabe im Kopf. Wenn es das Resultat herausgefunden hat, läuft es zu den Lösungen und nimmt den richtigen Zettel mit. Diese Lösung klebt es dann neben der Aufgabe auf. So wird das ganze Arbeitsblatt ausgefüllt.

- Auf dem Weg zwischen Aufgabe und Lösung können auch Hindernisse überwunden bzw. eingebaut werden, zum Beispiel eine Treppe oder ein Slalomlauf.
- Wie viel Zeit braucht ihr, bis alle richtigen Resultate vorliegen?
- Dieselbe Idee auf den (Fremd-)Sprachenunterricht übertragen.
- Wer erfindet eine ähnliche Aufgabe, vielleicht sogar in einem anderen Fach?

Voraussetzungen: Thema im Unterricht bereits behandelt.

Material: Arbeitsblatt mit Übungsaufgaben. Lösungen zum Ausschneiden. Schere und Leimstift. Das Aufgabenblatt mit den Lösungen ist von der Lehrperson erstellt und wird im Unterricht abgegeben. Ein zweites Aufgabenblatt ist als „coole Hausaufgabe“ gedacht.

Tipps für die Durchführung: Damit für alle Kinder Erfolgserlebnisse möglich sind, werden auch einfache Aufgaben eingebaut.

Besonderes: Diese Bewegungsaufgabe kann in verschiedenen Fächern zu diversen Themen angewandt werden, zum Beispiel auch in den Fremdsprachen, um Wörter zu memorieren.

Feedback/Lernkontrollen: Die Kinder bringen das Arbeitsblatt mit in den Unterricht und diskutieren das zu Hause Erlebte.

71 Wort und Zahl – Zahl und Wort

Fachbereich: Mathematik und Sprache

Stufe: Mittelstufe/Oberstufe

Lernziele/Kompetenzen: Zum Speichern von Zahlenkombinationen „Eselsbrücken" bauen zwischen Zahlen und Wörtern und mit Bewegung kombinieren.

Beschreibung: Man kann sich Zahlen auch als Bilder merken (siehe nebenan). Beispiele: 701408; 307281; ... / Zahlenschloss am Fahrrad / Geburtsdaten / Handy-Nummern usw.

Und jetzt noch bewegt! Auf dem Schulhausplatz mit permanenter Straßenfarbe (oder in der Quartierstraße oder auf dem Garagenplatz mit Kreide) werden neun Quadrate von 1 x 1 Meter Felder (wie bei einem Sudoku) gezeichnet. In jedem Feld wird für jede Zahl das entsprechende „Logo" gezeichnet. Jetzt werden die vorgegebenen Zahlenreihen gehüpft!

- A gibt eine Zahlenkombination vor. B überlegt, merkt sich die Zahlenreihe und beginnt zu hüpfen. B kontrolliert. Rollenwechsel.
- Zu Hause: Jemand gibt eine Zahlenkombination vor und du versuchst, diese zu hüpfen.
- Die Schwierigkeit der Hüpfformen kann/soll je nach Voraussetzungen individuell gesteigert werden.
- Weitere Gehirntrainingsideen in Bewegung umsetzen, zum Beispiel ein Riesen-Sudoku (siehe Seite 118). Bezug des Zahlen-Merkblattes unter www.winterhilfe.ch

Voraussetzungen: Gute Merkfähigkeit. Übung beim Speichern von Informationen.

Material: Einige vorgegebene Zahlenkombinationen oder Daten. Selbst gezeichnetes Sprungfeld (mindestens ein bis eineinhalb Quadratmeter groß) mit neun Feldern mit den „Zahlen-Logos" auf dem Schulareal oder zu Hause.

Tipps für die Durchführung: Die Länge der Zahlenkombinationen systematisch steigern und spielerisch-bewegt üben.

Besonderes: Die Merkfähigkeit von Zahlen kann auch mit einer Eselsbrücke zu entsprechenden Wörtern geübt geschult werden.

„Esels-Brücken"

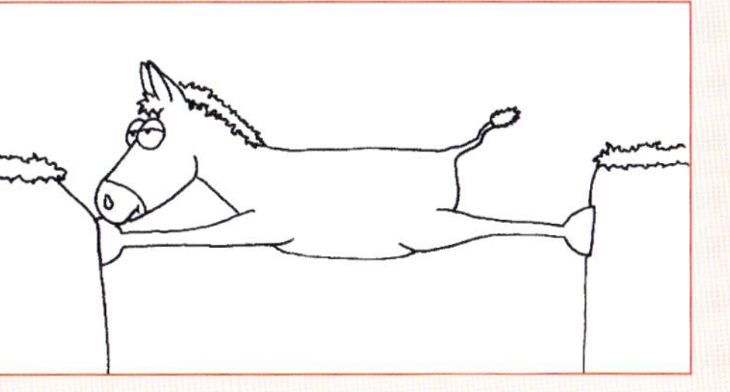

Feedback/Lernkontrollen: Haben auch Eltern mitgemacht? Wie verlief dieses Lernspiel zu Hause? Konntest du Lernfortschritte nach dem Üben feststellen?

72 Balancieren und Lernen

Fachbereich: Sprachen u. a. **Stufe:** Mittelstufe/Oberstufe

Lernziele/Kompetenzen: Balancieren in verschiedenen Positionen und sich dabei trotzdem noch konzentrieren können.

Beschreibung: Die Kinder nehmen ihre individuellen, deutlich und groß geschriebenen Lernwörter zur Hand. Dann suchen sie im Freien, im Schulzimmer oder in der Wohnung eine Möglichkeit zum Balancieren, nehmen eine selbst gewählte Balancier-Position ein und versuchen, ihre Lernwörter-Aufgabe zu lösen.

Weitere Möglichkeiten:
- Ein Gedicht auswendig lernen oder vortragen.
- In einer Fremdsprache konjugieren.
- In einer Fremdsprache vorwärts und rückwärts zählen.
- Auf Fragen von jemandem antworten.
- In einer selbst gewählten Gleichgewichtsposition auf Fragen von anderen antworten, welche den aktuellen Lerninhalt betreffen.
- Auch als Lern-Wettbewerb.
- Die Anforderung der Gleichgewichts-Stellung immer etwas schwieriger gestalten: Einbeinstand, Flamingostand, Kniestand.

Voraussetzungen: Die Wörter verstehen. Kenntnisse und Fertigkeiten von verschiedenen Balancierkünsten.

Material: Individuelle Lernwörter, Texte oder andere Lernaufgaben.

Tipps für die Durchführung: Balancierübungen eignen sich gut als Auflockerung im Unterricht. Gleichzeitig kann der Inhalt der Lektion in einer solchen Position kurz zusammengefasst werden. Einen Fragebogen den Kindern nach Hause mitgeben.

Besonderes: Gleichgewichtsübungen im Bewegungs- und Sportunterricht immer wieder einbauen, systematisch üben und die Schwierigkeiten individuell steigern.

Feedback/Lernkontrollen: Einen Teil der Hausaufgaben mit Gleichgewichtsübungen kombinieren. Auf den aktuellen Lerninhalt betreffende Fragen von Eltern und/oder Geschwistern antworten.

73 Halber Lotussitz

Fachbereich: Bewegung und Sport / Diverse

Stufe: Mittelstufe

Lernziele/Kompetenzen: Im halben Lotussitz sitzen. Dadurch die Körperhaltung verbessern und die Konzentration fördern.

Beschreibung: Die Kinder setzen sich mit gegrätschten Beinen auf den Boden. Dann beugen sie das rechte Bein und legen den rechten Fuß an die Innenseite des linken Oberschenkels. Nachher beugen sie das linke Bein und legen den linken Fuß auf den rechten Oberschenkel. Die Knie lassen sie entspannt zu Boden sinken. Die Hände ruhen auf den Knien. Eine einfache und bequeme Stellung wäre auch der Schneidersitz. Die Kinder stellen sich vor, sie seien in der Erde verwurzelt und lassen den Kopf in Richtung Himmel wachsen. In dieser Stellung führen sie das Folgende durch:

- Ein Gedicht auswendig lernen.
- Eine Zahlenreihe aufsagen.
- In einer Fremdsprache zählen.
- In einer Fremdsprache Wörter buchstabieren.
- Eigene Ideen?

Voraussetzungen: Beweglichkeit und gerader Rücken. Den halben Lotussitz kennen.

Material: Bequeme Kleidung. Angenehme flache Unterlage wie zum Beispiel eine Yogamatte.

Tipps für die Durchführung: Die Entspannungsübung mit den Kindern gemeinsam einführen, bevor sie diese zu Hause üben. Die Übung über eine längere Zeit ausführen lassen und im Unterricht regelmäßig wiederholen. Als Vorbereitung diverse Beweglichkeitsübungen ausführen. Den halben Lotussitz schrittweise im Bewegungs- und Sportunterricht einführen.

Besonderes: Den korrekten Lotussitz müssen die Kinder zuerst lernen. Erst wenn diese Position als „bequem“ erlebt wird, kann so ein Text oder sogar ein Buch gelesen oder Wörter gelernt werden.

Feedback/Lernkontrollen: Habt ihr mal zu Hause versucht, in dieser Stellung zu lernen oder etwas zu üben? Wie habt ihr das erlebt?

74 Zähneputzen im Gleichgewicht

Fachbereich: Bewegung und Sport / Mathematik u. a. **Stufe:** Mittelstufe/Oberstufe

Lernziele/Kompetenzen: Einen Bewegungsablauf durchführen, gleichzeitig auf einem Bein balancieren und eine Denksportaufgabe lösen.

Beschreibung: Die Kinder stehen auf einem Bein und putzen dabei die Zähne. Nach einer Minute wechseln sie das Bein. Zusätzlich zum Zähneputzen und zum Balancieren können folgende Aufgaben gelöst werden:
- Einfache Mathematikaufgaben lösen.
- Das große Einmaleins üben.
- Ein Gedicht summend rezitieren.
- Eine Melodie summen.
- Fremdsprachige Verben summend konjugieren.
- Eine Geschichte ausdenken.
- Zusätzlich die Augen schließen.
- Gelingt das Zähneputzen auch mit der schwächeren Hand?
- Eigene Ideen.

Voraussetzungen: Auf einem Bein balancieren können.

Material: Zahnbürste und Zahnpasta. Rechnungen oder eine Geschichte sind am Spiegel angeheftet. Während des Zähneputzens lesen oder/und rechnen.

Tipps für die Durchführung: In dieser „Lernstellung" ab und zu auch im Klassenverband das Lernen trainieren. Die Lehrperson bereitet Kopfrechnungen oder ähnliche Aufgaben vor, welche während der Balancierübung zu lösen sind. Die wichtige, tägliche Zahnhygiene immer wieder thematisieren.

Besonderes: Gleichgewichts- und Koordinationsübungen im Bewegungs- und Sportunterricht immer wieder einbauen und bezüglich Schwierigkeit systematisch steigern. Auch die Beidseitigkeit üben. Zahnhygiene und tägliches Bewegen sind ideale Partner.

Feedback/Lernkontrollen: Die Hausaufgabe wird im Klassenverband wie folgt getestet: Alle Kinder nehmen die Einbeinstellung ein. Dann erfolgen Testfragen (gestellt von der Lehrperson oder von einzelnen Kindern). Wer gibt die richtige Antwort zuerst?

75 Flamingo-Seiltanz

Fachbereich: Bewegung und Sport **Stufe:** Unterstufe/Mittelstufe

Lernziele/Kompetenzen: Balance trainieren und eine bestimmte Stellung/Haltung während einer gewissen Zeit halten können.

Beschreibung: Die Kinder stehen auf einem Bein. Der andere Fuß liegt auf dem Knie des gestreckten Beines auf. Die Kinder halten die Balance mindestens 30 Sekunden. Sind diese 30 Sekunden geschafft, werden die Augen geschlossen. In dieser Stellung halten sie die Balance 20 Sekunden. Ist dies gelungen, legen die Kinder den Kopf mit geschlossenen Augen in den Nacken. In dieser Stellung halten sie das Gleichgewicht zehn Sekunden lang. Beim zweiten Durchgang auf dem anderen Bein.

- Derselbe Ablauf, aber auf einer wackeligen Unterlage stehen, zum Beispiel auf einem luftgefüllten Kissen.
- Eltern und Geschwister einladen, beim Flamingo-Seiltanz mitzumachen.
- Zu zweit: Gegenüber in Flamingo-Stellung stehen und sich gegenseitig ganz leicht schubsen. Wer kann das Gleichgewicht länger halten, ohne abzustehen?
- Dasselbe, aber es ist erlaubt, nach einem Schubs durch leichtes Hüpfen die Flamingo-Stellung beizubehalten, ohne den Boden zu berühren.

Voraussetzungen: Gleichgewichtsübungen sind bekannt.

Material: Kissen, Sitzkissen oder Couchkissen. Stoppuhr.

Tipps für die Durchführung: Die Übung mit der Klasse einführen. Die Übungsabfolge als Bildfolge den Kindern nach Hause mitgeben, damit sie nachschauen können, falls sie einen Teil vergessen haben. Vielleicht machen die Eltern auch gleich mit?

Besonderes: Gleichgewichtsübungen auch immer wieder im Bewegungs- und Sportunterricht einbauen.

Feedback/Lernkontrollen: Wer kann die Übung in der Klasse vorzeigen? Gelingt es auch gemeinsam? Oder sogar auch auf dem schwächeren Bein? Hat jemand einen eigenen Flamingo-Tanz herausgefunden?

76 Bewegtes Sudoku

Fachbereich: Mathematik **Stufe:** Mittelstufe/Oberstufe

Lernziele/Kompetenzen: Kinder zu „bewegenden“ Zahlen-Denkspielen (konkret zum Lösen eines Sudokus) anleiten.

Beschreibung: Auf einem Schulareal wird mit permanenter Straßen-Malfarbe ein großes Sudoku-Raster gemalt (zirka 3×3 Meter). Während einer gewissen Zeit (z. B. während einer Woche oder nachdem das Raster ganz ausgefüllt bzw. das Sudoku richtig gelöst wurde) ist eine Schulklasse dafür verantwortlich, dass das Sudoku-Raster wieder gesäubert und ein neues angefangen wird. Alle Kinder des Schulhauses dürfen beim Ausfüllen des Sudokus mitmachen.

- Als Sudoku-Hüpfwettbewerb auf Zeit: Wer ist der schnellste Sudoku-Hüpfer? Dabei müssen alle 81 Zahlen innerhalb der einzelnen Neuner-Raster in der richtigen Reihenfolge gehüpft werden. Bei einem Hüpffehler werden fünf Sekunden dazugezählt. Schiedsrichter sind die Spielenden selbst!
- Gemeinsam verschiedene Hüpfformen vereinbaren.

Voraussetzungen: Großes permanentes Sudoku-Raster auf dem Pausenplatz, auf der Quartierstraße oder auf einem Parkplatz.

Material: Zum Ausfüllen der leeren Felder weiße Tafelkreiden benützen.

Tipps für die Durchführung: Wer selber ein Sudoku gelöst hat, darf ein neues anfangen. Alle Spielregeln sollten von den Kindern in Zusammenarbeit mit den Lehrpersonen ausgearbeitet und festgelegt werden.

Besonderes: Sobald das Sudoku fertig und richtig aufgelöst ist, kann dieses Raster-Feld auch als Hüpf- und Sprungparcours mit anderen eigenen Spielregeln verwendet werden.

Feedback/Lernkontrollen: Nach einer Woche wird die richtige Sudoku-Lösung im Schulhaus bekanntgegeben (zum Beispiel am Anschlagbrett).

Einstiegs-Sudoku

				5			4	9
			3					5
		7	1					
	2	5		4	7			
9								7
			9	6		4	8	
					8	6		
3					1			
7	9			2				

Lösung zum „Einstiegs-Sudoku“!

8	3	1	6	5	2	7	4	9
2	6	9	3	7	4	8	1	5
4	5	7	1	8	9	3	2	6
6	2	5	8	4	7	9	3	1
9	8	4	2	1	3	5	6	7
1	7	3	9	6	5	4	8	2
5	1	2	7	3	8	6	9	4
3	4	6	5	9	1	2	7	8
7	9	8	4	2	6	1	5	3

77 Die tiefe Verneigung

Fachbereich: Bewegung und Sport u. a.m. **Stufe:** Mittelstufe

Lernziele/Kompetenzen: Den Gleichgewichtssinn unter erschwerten Bedingungen trainieren. Gleichgewicht und Feingefühl miteinander koordinieren.

Beschreibung: Die Kinder stehen auf einem Bein, beugen sich langsam nach vorne und nehmen das auf dem Pult oder auf einem Stuhl aufgestellte Blatt Papier mit dem Mund auf, ohne dabei abstehen zu müssen. An Stelle des Papiers kann auch ein anderer leichter Gegenstand aufgenommen werden.

- Der Schwierigkeitsgrad wird erhöht, wenn die Hände auf den Rücken gelegt werden.
- Gelingt diese Übung auch mit geschlossenen Augen?
- Die Kinder sprechen im Verlauf der Wiederholungen einen Text oder ein Gedicht auswendig.
- In einer Fremdsprache während des Vorbeugens von null bis zehn zählen, dann während des Aufrichtens von zehn bis null rückwärts zählen.

Voraussetzungen: Beweglichkeit der Wirbelsäule.

Material: Stabiles Papier. Auch andere leichte Materialien oder Gegenstände verwenden.

Tipps für die Durchführung: Die Kinder beobachten sich gegenseitig und geben Feedbacks, wie die Haltung oder die Technik verbessert werden könnte. Sie können sich auch gegenseitig eigene „Zusatzaufgaben" stellen. Die Kinder systematisch anleiten, auch Unterrichtsinhalte aus dem Bewegungs- und Sportunterricht in Form von „coolen Bewegungs-Hausaufgaben" auszuführen (als cooles home training).

Besonderes: Die genaue Ausführung den Kindern zuerst vorzeigen und danach einige Male in der Klasse und auch im Bewegungsunterricht üben. Wichtig: Der Rücken bleibt möglichst gerade, kein Katzenbuckel.

Feedback/Lernkontrollen: Die Bewegungshausaufgabe ist erfüllt, wenn das Blatt Papier ohne Hilfe der Hände und ohne mit dem anderen Bein den Boden zu berühren, fünfmal hintereinander aufgehoben werden kann.

78 Körper-Sprache

Fachbereich: Fremdsprachen

Stufe: Mittelstufe/Oberstufe

Lernziele/Kompetenzen: Erweiterung und Automatisierung des Wortschatzes mittels Körpersprache. Spaß am Lernen neuer Wörter.

Beschreibung: Die Kinder lernen Englisch- oder Französisch- oder Italienisch-Wörter, indem sie sich zu jedem Wort ein passendes Zeichen überlegen oder versuchen, das Wort oder den Gegenstand mit ihrer eigenen Gestik auszudrücken.
Diese Aufgabe lässt sich auch auf die Fächer Mensch und Umwelt oder Deutsch übertragen.

- Auch als Wettbewerb: Ein Kind steht vorne und „zeigt“ sein Wort. Wer das richtige Wort zuerst erraten hat, darf nach vorne kommen und ein neues Wort „vorzeigen“.
- Die Kinder präsentieren ihre eigenen Wörter im Unterricht pantomimisch. Die Lehrperson fordert die Kinder auf zu erklären, weshalb sie gerade diese Darstellung ausgewählt haben.
- Wer kann einen kurzen Fremdsprachensatz pantomimisch so gut vorstellen, dass es die meisten anderen Kinder „verstehen“?

Voraussetzungen: Eine Mindestanzahl von Wörtern in einer Fremdsprache kennen.

Material: Liste mit Wörtern in einer Fremdsprache.

Tipps für die Durchführung: Die Lehrperson gibt lediglich einige Beispiele vor. Die Kinder finden selber heraus, welche Zeichen sie mit den Wörtern verknüpfen möchten.

Besonderes: Einige Gesten der Körpersprache im Bewegungs- und Sportunterricht ausprobieren und üben.

Feedback/Lernkontrollen: Konnten die Eltern/Geschwister eure „Körpersprache“ richtig interpretieren?

79 Ruhe da oben!

Fachbereich: Alle | **Stufe:** Mittelstufe/Oberstufe

Lernziele/Kompetenzen: Lernen, wie man bei Konzentrationsproblemen im Unterricht oder bei Hausaufgaben zu Hause eine kurze Entspannungspause gestalten kann.

Beschreibung: Wenn Kinder ab und zu bei Hausaufgaben überfordert sind, wenn ihnen der Kopf brummt, wenn sie gar keine Lust haben, Hausaufgaben zu machen, dann hilft vielleicht der folgende Entspannungs-Tipp:

- Das Kind steht in der Mitte seines Zimmers. Es streckt und reckt seine Arme in die Höhe. Dann löst es die Anspannung und lässt die Arme entspannt hängen.
- Dann macht es dasselbe mit den Beinen. Es streckt sie und spannt sie an, nachher löst es die Spannung wieder.

Diese beiden Abläufe werden mehrmals wiederholt, aber die Anspannungsphase wird immer ein wenig verlängert. Man sollte dadurch die Entspannung immer deutlicher spüren. Die Konzentration kehrt zurück, oder?

Voraussetzungen: Erfahrungen mit einfachen Konzentrations- und Beruhigungstechniken.

Material: Kein Material nötig. Wichtig ist Ruhe.

Tipps für die Durchführung: Die Kinder werden im regulären Unterricht angeleitet, sich gezielt zu entspannen. Im Rahmen einer Hausaufgabe versuchen sie, diese Entspannungsübung einzubauen.

Besonderes: Diese Form der Beruhigung kann im Unterricht schrittweise eingeführt und geübt werden.

Feedback/Lernkontrollen: In regelmäßigen Abständen sollen die Kinder über ihre Erfahrungen im Zusammenhang mit Entspannungsübungen bei Hausaufgaben berichten. Wer zu Hause eine eigene Übung entdeckt und ausprobiert hat, darf diese mit allen anderen im Unterricht durchspielen.

80 Finger-Akrobatik

Fachbereich: Diverse möglich **Stufe:** Mittelstufe/Oberstufe

Lernziele/Kompetenzen: Unterschiedliche Gegenstände auf den Fingern balancieren. Gleichzeitig vorwärts und rückwärts durch einen Raum gehen, zusätzlich eine Aufgabe lösen. Konzentration trotz Ablenkung üben.

Beschreibung: Die Kinder versuchen, einen Gegenstand auf einem Finger zu balancieren, zuerst mit allen Fingern der einen Hand, dann mit allen Fingern der anderen Hand. Als Gegenstände eignen sich viele Dinge, z. B. Kugelschreiber, Bleistift, Gummi, ein kleines Blatt Papier, das Aufgabenbüchlein usw.

Mit einem Gegenstand auf den Fingern balancierend, verschiedene Aufgaben lösen:

- In einem Raum von einer Seite zur anderen Seite gehen, ohne den Gegenstand zu verlieren.
- In der einen Hand ein Buch halten, sich bewegen, den Text aus dem Buch lesen und mit der anderen Hand auf einem Finger den Gegenstand balancieren.
- Sich bewegen, Verben in einer Fremdsprache konjugieren und dazu auf einem Finger den Gegenstand balancieren.
- Zusätzlich zur Balanceübung auf Fragen von einem Lernpartner oder von Eltern oder Geschwistern antworten.
- Zusätzlich zur Balanceübung eine schwierige Zahlenreihe aufzählen.

Voraussetzungen: Geschick mit den eigenen Händen.

Material: Verschiedene leichte, unzerbrechliche Gegenstände. Ein Aufgabenblatt, ein Buch oder ein Stift usw.

Tipps für die Durchführung: Die Lehrperson macht Materialvorschläge und zeigt Möglichkeiten mit verschiedenen Finger-Stellungen und Gegenständen vor. Immer wieder im Unterricht anwenden.

Besonderes: Durch tägliches Üben als kleine Auflockerung oder Entspannung während des Unterrichts wird diese Fähigkeit schrittweise verbessert.

Feedback/Lernkontrollen: Wer wagt es, seine eigene Balancier-Lerntechnik, die zu Hause erfolgreich ausprobiert und geübt wurde, den anderen Kindern fehlerfrei vorzuzeigen?

81 Fingerspitzengefühl

Fachbereich: Alle

Stufe: Mittelstufe/Oberstufe

Lernziele/Kompetenzen: Sich entspannen können. Durch Ruhe und Entspannung den Puls senken. Konzentration erhöhen. Nervosität drosseln.

Beschreibung: Die Kinder setzen sich aufrecht auf einen Stuhl. Beide Füße berühren den Boden. Nun führen sie die Fingerspitzen vor dem Bauch gegeneinander, also Daumen auf Daumen, Zeigefinger auf Zeigefinger. Die Kinder achten darauf, dass sie die Fingerspitzen nur sanft gegeneinander drücken und sie nicht pressen.
Nun schließen sie die Augen und atmen zehnmal tief durch.
Beruhigende Musik während der Übung wirkt unterstützend.

- Eigene Variationen mit dieser (oder einer anderen) Ausgangsstellung ausprobieren.

Voraussetzungen: Ruhe und Bereitschaft, sich zu konzentrieren.

Material: Ein Stuhl oder eine andere Sitzmöglichkeit, welche aufrechtes und ruhiges Sitzen ermöglicht.

Tipps für die Durchführung: Diese Übung als Ritual vor einer Prüfung durchführen; dies wird einigen Kindern bestimmt helfen. Solche oder ähnliche Übungen regelmäßig mit allen Kindern durchführen. Der Effekt wird mit der Zeit größer.

Besonderes: Die Übung eignet sich, um sich vor stressigen und herausfordernden Situationen wie Prüfungen, Sportereignissen oder Auftritten zu sammeln.

Feedback/Lernkontrollen: Die Lehrkraft motiviert die Kinder für diese Übung, sie als Wochenhausaufgabe mindestens einmal pro Tag durchzuführen. Die Kinder berichten ab und zu über ihre Erfahrungen oder dokumentieren diese auf ihre eigene Art.

82 Grenzenlose Fantasie

Fachbereich: Sprachen

Stufe: Mittelstufe

Lernziele/Kompetenzen: Totale Entspannung und Vorbereitung für den Unterricht. Als Entspannung zwischendurch.

Beschreibung: Die Lehrperson schafft eine Atmosphäre, in der sich die Kinder entspannt hinlegen können. Dann wird eine Geschichte erzählt. Die Kinder haben die Augen geschlossen, folgen den Schilderungen und konzentrieren sich auf den eigenen Atem.
Die Idee ist, dass sich die Kinder vor ihrem inneren Auge eine Umgebung vorstellen, eine Fantasie-Welt, die ihnen besonders gut gefällt. Danach erzählen die Kinder, was sie erlebt haben und wie ihre Fantasie-Welt ausgesehen hat.
Als coole Hausaufgabe: Eine bequeme (Liege-)Stellung einnehmen. Eine spannende Geschichte aus einem Hörbuch anhören, in diese Fantasiewelt „eintauchen" und die Geschichte in Gedanken weiter entwickeln.

Voraussetzungen: Bereitschaft und geeignete Stimmung, sich auf dieses Experiment einzulassen.

Material: Kissen oder Matten. Eine Leseecke mit einer Matratze.

Tipps für die Durchführung: Die Lehrperson wählt eine stufengerechte, geeignete Geschichte aus, welche der Fantasie großen Spielraum lässt. Gezielt und behutsam auf diese Fantasie-Reise einstimmen. Die Kinder dürfen sitzen oder liegen, wo und wie sie wollen.

Besonderes: Entspannungsübungen dieser Art bereiten Spaß. Die meisten Kinder haben Freude, so etwas mitzumachen und dadurch etwas Neues zu erleben.

Feedback/Lernkontrollen: Die Kinder berichten unmittelbar nach dem Experiment im Unterricht, aber auch nach einem Eigenversuch zu Hause darüber und tauschen gegenseitig die Erfahrungen aus.

83 Langsam hoch – langsam tief

Fachbereich: Alle | **Stufe:** Mittelstufe/Oberstufe

Lernziele/Kompetenzen: Ruhig werden und lernen sich zu konzentrieren.

Beschreibung: Die Kinder stehen ruhig und lassen die Arme hängen. Dann bewegen sie die Arme langsam vor dem Körper nach oben und atmen dabei tief ein. Sobald die Arme gestreckt sind, halten sie den Atem an. Nachher senken sie die Arme seitlich des Körpers langsam und atmen dabei aus. Diesen Ablauf wiederholen die Kinder zehn Mal.

Dieses Ritual verbinden mit …

- Rechnungsaufgaben,
- einer kurzen Geschichte,
- einem Lied,
- mit einer speziell dafür geeigneten Hausaufgabe,
- … ?

Voraussetzungen: Die Übung wird von der Lehrperson eingeführt.

Material: Kein Material nötig und überall durchführbar.

Tipps für die Durchführung: Die Aufgabe korrekt ausführen: Die Arme langsam anheben, dann richtig strecken. Einen Moment in dieser gestreckten Position, wenn möglich im Zehenstand, verharren. Dann die Arme langsam senken.

Besonderes: Der erste Schritt kann im Sprachunterricht als Übung zum Textverständnis erfolgen. Entspannungsübungen auch am Schluss von anstrengenden Lektionen im Bewegungs- und Sportunterricht einplanen.

Feedback/Lernkontrollen: Wer hat diese oder eine ähnliche Übung im Rahmen seiner Hausaufgaben ausgeführt? Was ist dabei passiert?

84 Ruhe vor dem Zeichnungssturm

Fachbereich: Gestalten u. a.

Stufe: Mittelstufe/Oberstufe

Lernziele/Kompetenzen: Lernen sich zu entspannen.
Empfindungen bildlich ausdrücken.

Beschreibung: Jedes Kind sucht zu Hause einen ruhigen Platz und legt sich auf den Boden. Es stellt einen Timer oder eine Stoppuhr mit Countdown auf fünf Minuten ein. Dann schließt es die Augen und beginnt ruhig und regelmäßig zu atmen. Es atmet durch die Nase ein und durch den Mund aus. Nachher versucht es, in regelmäßigem Tempo bis 50 zu zählen. Es legt die Arme auf die Rippen und versucht, die leichte Bewegung, die durch die Atmung entsteht, zu fühlen. So bleibt es ruhig liegen, bis der Timer klingelt.
Anschließend bleibt es in einer bequemen Position auf dem Boden und stellt wiederum einen Timer mit Countdown auf fünf Minuten ein.
Jetzt nimmt es einen Farbstift und malt auf das Zeichenblatt abstrakte oder konkrete Formen, die ihm spontan in den Sinn kommen. Es versucht, während diesen fünf Minuten nie mit dem Zeichnen aufzuhören.
Als Timer kann auch ein beruhigendes Musikstück in der Zeitdauer von ungefähr fünf Minuten gewählt werden.

Voraussetzungen: Ein ruhiger Platz.

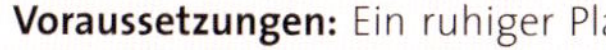

Material: Wecker, Timer oder Stoppuhr. A4-Blatt. Farbstifte.

Tipps für die Durchführung: Die Lehrperson weist darauf hin, dass es wichtig ist, während der Aufgabe regelmäßig und langsam zu atmen. Die Kinder halten sich an die zeitlichen Vorgaben. Ähnliche Aufgaben werden in regelmäßigen Abständen im Unterricht gemeinsam mit den Kindern durchgeführt. Danach sollte es gelingen, diese Idee als coole Hausaufgabe auszuführen – und hoffentlich als cool zu erleben.

Besonderes: Diese kreative Zeichnungsaufgabe ist bewusst sehr offen gehalten. Deshalb gibt es ganz verschiedene Lösungen.

Feedback/Lernkontrollen: Die Kinder bringen ihre Zeichnungen mit in die Schule. Dort werden sie miteinander besprochen und die Erfahrungen ausgetauscht.

85 Geschickt gestrickt

Fachbereich: Werken und Gestalten | **Stufe:** Mittelstufe

Lernziele/Kompetenzen: Die Technik des Strickens in verschiedenen Körperstellungen üben. Verschiedene Stellungen erleben und ausprobieren.

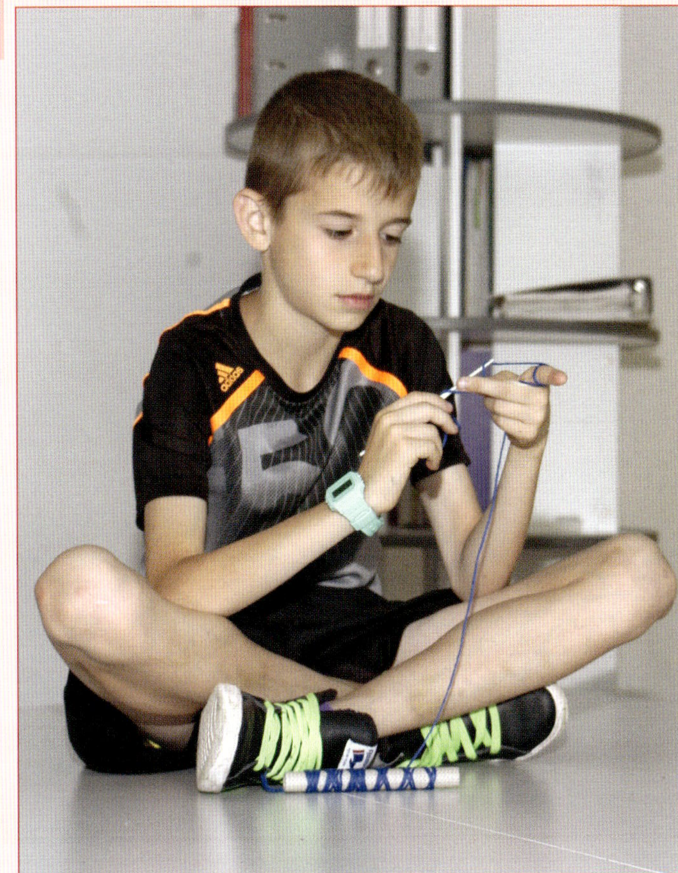

Beschreibung: Die Kinder stricken an ihrer Arbeit, die sie im Fachbereich Werken und Gestalten angefangen haben. Dabei wechseln sie ihre Stellung alle fünf Minuten. Sie wählen zwischen sitzen, stehen, gehen und liegen. Sobald sie fünf Reihen ihres Schals gestrickt haben, dürfen sie aufhören. Dann halten sie fest, welche Stellungen angenehm und welche eher unbequem waren. Weitere Stellungen wären:

- Im Schneidersitz.
- In Rückenlage.
- Im Kniestand.
- Auf einem Bein stehen.
- Das Gewicht vom einen Bein auf das andere verlagern.
- Im hohen, gespannten Zehenstand stehend.
- Gelingen auch einige Strickbewegungen ohne Fehler mit geschlossenen Augen?
- Diese Arbeiten, wie oben gelernt, zu Hause weiterführen.

Voraussetzungen: Die Grundlagen des Strickens beherrschen. Selbstständig stricken können. Keine Hilfestellungen mehr nötig.

Material: Stricknadeln. Strickgarn.

Tipps für die Durchführung: Die Technik des Strickens systematisch erlernen. Die Lehrperson gibt ein Dossier mit den wichtigsten Handgriffen beim Stricken mit nach Hause, damit sich die Kinder darin orientieren können.

Besonderes: Die Kinder beginnen eine Strickarbeit im Unterricht und arbeiten zu Hause daran weiter.

Feedback/Lernkontrollen: Alle Kinder stricken. In dieser Zeit dürfen einzelne Kinder von ihren Strickerlebnissen in verschiedenen Stellungen erzählen und diese selber, also nur für sich, bewerten.

86 Wie weit? Wie hoch? Wie lang?

Fachbereich: Mensch und Umwelt / Mathematik / Fremdsprachen

Stufe: Mittelstufe

Lernziele/Kompetenzen: Streckenlängen und Gegenstände schätzen und messen lernen.

Beschreibung: Ziel ist, dass die Kinder die Längenmaße immer besser in den Griff bekommen, indem bestimmte Strecken zuerst geschätzt und dann gemessen werden.

- Wie viele Schritte hat mein Schulweg von Tür zu Tür?
- Wie viele Schritte brauche ich von zu Hause bis zum nächsten Geschäft?
- Wie lang und wie breit ist mein Zimmer?
- Wie hoch ist mein Schreibtisch?
- Wie groß bin ich?
- Wie groß sind meine Eltern und Geschwister?
- Wie lang ist mein Fuß?
- Wie lang ist mein Daumennagel?
- Wie weit kann ich beidbeinig aus dem Stand springen?
- Wie weit kann ich mit einem Anlauf springen?
- Wie hoch kann ich springen?
- Mit solch geschätzten und dann genau gemessenen Werten eigene Rechnungsaufgaben „erfinden“ und diese lösen.
- Die geschätzten und gemessenen Längen auch in einer Fremdsprache nennen.

Voraussetzungen: Die Längenmaße Meter, Dezimeter, Zentimeter und Millimeter und seine eigene Schrittlänge kennen.

Material: Ein Messband und ein Metermaß. Eine selbst geeichte Schnur.

Tipps für die Durchführung: Die Kinder schätzen die Distanzen zuerst. Je nach Stufe die Aufgaben erschweren, zum Beispiel die Länge des Schulweges mit den gezählten Schritten berechnen.

Besonderes: Vorgängig im Schulzimmer, im Pausenhof, in der nahen Umgebung diverse Gegenstände, Abstände und Distanzen zuerst schätzen und dann messen. Verschiedene Aufgaben können im Bewegungs- und Sportunterricht direkt umgesetzt werden.

Feedback/Lernkontrollen: Die Kinder vergleichen Schätzungen und Messungen. Wer konnte am besten schätzen: die Eltern, die Geschwister oder du?

87 Mit allen Sinnen

Fachbereich: Mensch und Umwelt / Sprachen

Stufe: Mittelstufe

Lernziele/Kompetenzen: Sich entspannen lernen. Zur Ruhe zu kommen. Die Natur bewusst wahrnehmen.

Beschreibung: Zwei Kinder führen gemeinsam folgende Aufträge aus: Setzt euch im Garten oder auf einer Wiese hin! Zieht die Schuhe aus und versucht, das Gras mit geschlossenen Augen zu erfühlen!

Voraussetzungen: Warmes, trockenes Sommerwetter.

Material: Eine Wiese in der Umgebung.

Tipps für die Durchführung: Solche Entspannungsübungen im Klassenzimmer sollen nicht zu lange dauern, da Kinder gerne aktiv sind und deshalb unruhig werden.

Besonderes: Die Lehrperson führt in der Klasse ähnliche Entspannungsübungen durch, damit die Kinder damit vertraut sind. Nach dem Liegen im Gras sich unbedingt gegenseitig nach Zecken „absuchen". Auch zu Hause nach dem Duschen von den Eltern nochmals kontrollieren lassen!

Feedback/Lernkontrollen: Die Kinder berichten am nächsten Tag oder in der folgenden Unterrichtsstunde über diese etwas andere, aber sicher coole Hausaufgabe. Vielleicht hat jemand daraus sogar eine kleine Erlebnisreise geschrieben? Die Kinder notieren in Stichworten, was ihnen bei dieser Hausaufgabe in besonders guter Erinnerung geblieben ist. Darüber berichten sie in einer der nächsten Unterrichtsstunden.

- Wie fühlen sich die Grashalme an?
- Sind die Zehen empfindsamer als die Fußballen?
- Legt euch ins Gras und schließt die Augen!
- Was fällt euch auf?
- Was ist besonders?
- Was fühlt ihr?
- Was könnt ihr hören?
- Hört ihr Bienen oder Vögel?
- Hört ihr den eigenen Atem, den eigenen Herzschlag?
- Was riecht ihr? Den Duft der Blumen, der Bäume?
- Riecht ihr vielleicht geschnittenes Holz?
- Riecht ihr Abgase?
- Wie riecht die Luft?

88 Zeit-Sammler

Fachbereich: Mensch und Umwelt — **Stufe:** Mittelstufe

Lernziele/Kompetenzen: Erst schätzen – dann messen. Ein eigenes Zeitgefühl entwickeln.

Beschreibung: Die Kinder kommen dem Zeitbegriff auf die Spur. Sie schätzen zuerst die Dauer und erst dann stoppen sie die Zeit.

- Wie viel Zeit brauche ich für den Schulweg?
- Wie lange putze ich die Zähne, und wie lange sollte ich sie eigentlich putzen?
- Wie lange brauche ich für eine Aufgabe im Haushalt?
- Wie lange kann ich auf einem Bein stehen?
- Wie verbringe ich meine Freizeit?
- Wie lange dauert die Sendung am TV?
- Wie lange spiele ich am Computer?
- Wie lange spiele ich im Freien?
- Wie lange mag ich joggen ohne anzuhalten?
- Eine Hausaufgabe aus dem Bewegungs- und Sportunterricht während fünf Minuten ausführen, zum Beispiel Seilspringen oder Treppenlaufen.

Voraussetzungen: Einige Erfahrungen mit Zeitschätzungen.

Material: Stoppuhr.

Tipps für die Durchführung: In der Schule vorgängig schätzen, wie lange jede Aufgabe gehen könnte und dann mit den exakt gemessenen Zeiten vergleichen. Die Aufgaben je nach Stufe erschweren.

Besonderes: Die Kinder lernen Handlungen und Abläufe mit der Stoppuhr zu messen. Für die Aufgabe mehrere Tage Zeit geben.

Feedback/Lernkontrollen: Die Kinder besprechen gemeinsam: Welches waren die kürzesten Aufgaben? Welches die längsten? Wo habe ich mich selber total verschätzt? Wo habe ich gut geschätzt? Wie kann ich am besten die Zeit schätzen?

89 Bewegende Rhythmen und Töne

Fachbereich: Musik / Bewegung und Sport   **Stufe:** ab Mittelstufe

Lernziele/Kompetenzen: Die Tonleiter und die Rhythmus- und Taktsprache kennen und spielerisch bewegt üben.

Beschreibung: Die Kinder schreiben auf ein A4-Blatt alle Solmisationsschritte auf: do-re-mi-fa-so-la-ti-do. Dann legen sie die einzelnen Solmisationsschritte der Reihe nach auf eine Treppe, so dass sie beim Hinaufsteigen der Treppe die Solmisation do, re, mi, fa, so, la, ti, do richtig sagen und singen können. Dann steigen sie die Treppe wieder hinunter und sagen und singen die Solmisation rückwärts: do, ti, la, so, fa, mi, re, do. Dieser Vorgang wird oft wiederholt

- Die Kinder zeigen beim Auf- und Absteigen auf der Treppe zusätzlich die richtigen Solmisations-Handzeichen und singen dazu.
- An Stelle der Solmisation die richtigen Noten benennen: C – D – E – F – G – A – H – C.
- Wer wagt verschiedene Ton-Sprünge?
- Beim ersten Ton summen, beim zweiten schweigen, beim dritten wieder summen usw.
- Die Tonschritte über gespannte Gummischnüre oder eine Zauberschnur hüpfen.
- Eigene Ton-Hüpf-Folgen herausfinden.
- Dasselbe auch mit Rhythmus- und Taktsprache.

Voraussetzungen: Die Handzeichen der Solmisation kennen. Wissen, was eine Tonleiter ist. Die Tonleiter wurde in der Klasse bereits gut eingeübt.

Material: Blätter zu Solmisationsschritten. Kreide, Leinen oder Schnüre. Gummischnur, Zauberschnur. Beschreibung zur Bewegungsaufgabe.

Tipps für die Durchführung: Die Solmisationsschritte und die Rhythmus- und Taktsprache werden mit der Klasse systematisch eingeführt und immer wieder geübt.

Besonderes: In der Umgebung des Schulhauses, auf einer Treppe oder auf einem ebenen Platz „Tontreppen“ mit Außenfarbe permanent beschriften. Auf diesen Treppen werden die Tonschritte systematisch eingeübt. In der Umgebung zu Hause zeichnen die Kinder mit Kreide oder basteln mit Leinen oder Schnüren ihre eigene Tonleiter-Treppe.

Feedback/Lernkontrollen: Die Kinder berichten, wo und wie sie ihre eigene Tonleiter-Treppe gebaut oder gezeichnet haben und auf welche Weise sie die Tonleiter geübt haben.

90 Gleichgewichtskünstler

Fachbereich: Verschiedene

Stufe: Mittelstufe/Oberstufe

Lernziele/Kompetenzen: Konzentration. Schulung des Gleichgewichtssinns. Unter erschwerten Bedingungen lernen.

Beschreibung: Jedes Kind entscheidet sich für eine eigene Gleichgewichtsübung. Sie balancieren Gegenstände mit der Hand, auf der Nase oder auf dem Kopf, ohne dass diese auf den Boden fallen.

Zusatzaufgaben während des Balancierens:
- Einen Text lesen oder auswendig lernen.
- Eine Zahlenreihe in einer Fremdsprache aufsagen.
- Auf Fragen eines Lernpartners Antwort geben.

Eine Balancier-Lernbörse organisieren: Die Kinder demonstrieren ihre eigene Balancierübung, welche dann von allen anderen nachgemacht wird. Jedes Kind entscheidet sich für eine coole Art des Balancierens mit einem selbst gewählten Gegenstand und probiert dies zu Hause aus.

Wer wagt es, auf einem Brett, welches auf einer Rolle aufliegt, zu balancieren und gleichzeitig noch zu lesen? Tipp: Sich zuerst an einem Gestell oder an einer Person halten, denn das ist sehr schwierig!

Voraussetzungen: Erfahrungen mit Balanceübungen gesammelt, sei es im Sportunterricht oder im üblichen Schulunterricht.

Material: Irgendein leichter, nicht zerbrechlicher Gegenstand.

Tipps für die Durchführung: Darauf hinweisen, dass nichts Zerbrechliches verwendet wird. Die Kinder steigern den Schwierigkeitsgrad langsam.

Besonderes: Die Aufgabe ist sehr offen gestaltet und stärkt dadurch die Motivation.

Feedback/Lernkontrollen: Wer Lust hat, darf seine Balancierübung, die zu Hause selber ausprobiert und getestet wurde, in Kombination mit Lernen demonstrieren. Wer kann diese nachmachen?

91 Auf und ab in „slow motion“

Fachbereich: Bewegung und Sport in Kombination mit … **Stufe:** Mittelstufe

Lernziele/Kompetenzen: Sich entspannen. Die Wirbelsäule mobilisieren. Die Rückenmuskulatur stärken. Diese Tätigkeiten mit Lernen kombinieren.

Beschreibung: Die Kinder sitzen im Schneidersitz. Danach strecken sie den Oberkörper und ziehen die Arme in die Höhe. Die Finger flechten sie dabei ineinander, die Schultern werden leicht nach unten gezogen. In dieser Position verharren sie etwa 20 Sekunden. Dabei schließen sie die Augen und atmen tief ein und aus. Dann rollen sie Wirbel um Wirbel langsam ein, ohne zu zerren und die Hände legen sie langsam auf den Boden. In dieser Position verharren die Kinder wieder etwa 20 Sekunden. Alles ganz entspannt ausführen.

- Beim Aufrichten ein Verb in der Gegenwart konjugieren.
- Beim Einrollen ein Verb in der Vergangenheit konjugieren.
- Beim Aufrichten mit positiven Zahlen, beim Einrollen mit negativen Zahlen rechnen.
- Beim Aufrichten an etwas Erfreuliches, beim Einrollen an etwas weniger Erfreuliches denken.
- Gegensätze aufzählen, zum Beispiel beim Aufrichten „groß“, beim Einrollen „klein“.
- Gegensätze auch in einer Fremdsprache üben.

Voraussetzungen: Körperspannung und eine gute Beweglichkeit der Wirbelsäule.

Material: Kein Material. Bequeme Freizeitkleidung.

Tipps für die Durchführung: Die Übung vor dem Erteilen der Hausaufgaben sorgfältig einführen. Auf die Wichtigkeit der Entspannung hinweisen. Die Übung langsam und nicht ruckartig ausführen.

Besonderes: Die beiden Positionen im Bewegungs- und Sportunterricht behutsam und exakt einführen und, beispielsweise beim Aufwärmen, immer wieder üben.

Feedback/Lernkontrollen: Die Kinder führen die Übungsfolge miteinander aus. Sie wird mit Musik, mit einem Text oder mit einer Denksportaufgabe begleitet. Welche Erfahrungen wurden beim derartigen Lernen zu Hause gemacht?

92 Hula-Hoop-Quiz

Fachbereich: Bewegung und Sport / Verschiedene Fachbereiche

Stufe: Mittelstufe/Oberstufe

Lernziele/Kompetenzen: Themen werden mit Kontrollfragen bewegt repetiert (z. B. im Hinblick auf eine Prüfung). Lernen unter leichtem Stress.

Beschreibung: Ein Kind oder ein Elternteil stellt Fragen zu einem behandelten Stoffgebiet. Das gefragte Kind antwortet, während es einen Hula-Hoop-Reifen um die Hüfte kreisen lässt.
Die Fragen werden vorab gemeinsam ausgearbeitet oder von der Lehrperson zur Verfügung gestellt.

- Wechsel nach kurzer Zeit oder bei falscher Antwort. Wer benötigt am wenigsten Wechsel?
- Wer kann mehrere Reifen kreisen lassen und sogar noch Antwort auf gestellte Fragen geben?
- Den Reifen nicht nur um die Hüfte kreisen lassen, sondern auch um den Hals, um einen Arm, um ein Bein.
- Das Kind, das den Reifen kreisen lässt, darf eine Gegenfrage stellen.
- Eine Zeit lang mit, dann wieder ohne Hula-Hoop-Bewegung: Welches ist der Unterschied? Was geht besser?
- Eigene Frage- und Bewegungsregeln aushandeln.
- Zu Hause mit dieser Bewegung Lernaufgaben lösen.

Voraussetzungen: Abgefragter Stoff muss bekannt sein. Hula-Hoop-Technik ist bekannt.

Material: Hula-Hoop-Reifen.

Tipps für die Durchführung: Die Reifen während ein paar Tagen zur Verfügung stellen, damit alle auch zu Hause üben können.

Besonderes: Im Werken könnte ein Hula-Hoop-Reifen selber angefertigt werden (Elektro-Rohre abschneiden, beidseitig an den Enden ein Rundholz einführen und mit Leim fixieren – fertig!). Die Technik kann im Bewegungs- und Sportunterricht gelernt und geübt werden.

Feedback/Lernkontrollen: Die Kinder berichten, was sie beim Bewegen und gleichzeitigen Abfragen im Unterricht oder zu Hause erlebt haben.

V

Schulweg als Lernweg

1 Einleitung

Die laute Freude und die sichtbare Bewegungslust lassen erahnen, dass der Schulunterricht soeben zu Ende gegangen ist. Jetzt geht's auf den Schulweg ... außer die Kinder werden von den Eltern erwartet und dann heimchauffiert.

Leider werden (zu) viele Schulkinder von ihren Eltern regelmäßig zur Schule gefahren und dort nach Schulschluss wieder abgeholt. Der tägliche Schulweg eröffnet jedoch den Kindern wichtige Lern- und Erfahrungsfelder, die für den schulischen Fortschritt, das soziale Lernen, die Selbstkompetenz, die Bewegungsförderung und somit für die ganze Persönlichkeitsentwicklung wichtig sind.

Kinder sollten deshalb wenn immer möglich ihren Schulweg eigenständig zu Fuß, mit dem Fahrrad oder auf anderen Rollen oder Rädern zurücklegen können. Kinder brauchen keinen Taxidienst, sondern Bewegungsräume, denn auch der Schulweg bildet (http://www.schulweg-bildet.ch).

Der tägliche Schulweg ist auch ein idealer Lernweg, denn er ...

- eröffnet Chancen für vielfältigste positive Lern- und Bewegungserfahrungen und fördert dadurch den Erwerb von grundlegenden Lebenskompetenzen,
- eignet sich bestens als körperliche Trainingseinheit, und dies bei jedem Wetter und zu jeder Jahreszeit,

- beugt gesundheitlichen Problemen vor und macht leistungsfähiger,
- macht Kinder als Verkehrsteilnehmer zunehmend sicherer,
- ist ein spannender Erlebnis- und Entdeckungsweg,
- ist ein ideales Trainingsfeld für soziales und solidarisches Handeln.

(Amt für Volksschulen und Sport Kanton Schwyz)

Vorsicht Schulweg

Warnschilder „Schulweg" sind leider nur noch selten zu sehen, doch es gibt sie noch. Wenn sich plötzlich wieder vermehrt Kinder auf Schulwegen aufhalten bzw. bewegen, sollten für die Gewährung der Sicherheit wieder vermehrt solche Warnschilder aufgestellt werden!

Die Beispiele in diesem Kapitel, wie der Schulweg auch als Lernweg erlebt und gestaltet werden kann, sind lediglich als Anregungen zu verstehen und müssen den jeweiligen situativen Voraussetzungen angepasst werden. Dabei ist der Sicherheit besondere Beachtung zu schenken. Genaue Kenntnis der Verhaltensregeln auf Straßen, Wegen und im Verkehr sind wichtige Voraussetzungen. Derartige Aufgaben sollten nie allein, sondern immer zu zweit oder zu dritt ausgeführt werden.

Da leider nach wie vor viele Kinder von ihren Eltern mit dem „Taxi" von der Schule abgeholt werden, sollten die Schulweg-Lernaufgaben auch zu Hause oder im Quartier durchgeführt werden können. Aber vielleicht gelingt es mit diesen Anregungen, Lehrpersonen bzw. Kinder derart von motivierenden coolen Schulweg-Hausaufgaben zu begeistern, dass ihre Eltern ihre Kinder wieder vermehrt zu Fuß in die Schule gehen lassen.

93 Zählcomputer

Fachbereich: Zahlen und Zählen lernen

Stufe: Kindergarten/Unterstufe

Lernziele/Kompetenzen: Die Kinder beobachten und zählen auf dem Heimweg Gegenstände, die ungefähr halb so groß sind wie sie selbst. Wer findet zehn solche Gegenstände?

Beschreibung: Die Kinder sollen lernen, ihre Umwelt bewusst wahrzunehmen. Mit dem Identifizieren diverser Gegenstände, die etwa halb so groß sind wie sie selbst, lernen sie, ihre Körpergröße einzuschätzen und bekommen einen besseren Bezug zu sich selbst und zu ihrer direkten Umwelt.
Das Zählen lernen ist ein Bestandteil des Kindergarten-Unterrichts und kann so auch in Bewegung geschult werden. Mit dem Aufzählen der Gegenstände in der Schule schult das Kind zudem sein Erinnerungsvermögen.
Für die Beobachtungen auf dem Schulweg erhalten die Kinder eine Liste mit einigen Skizzen, Zeichnungen oder Fotos von Gegenständen, die auf jedem Schulweg anzutreffen sind. Auf dieser Liste machen sie pro „gefundenen“ Gegenstand einen Strich.

Voraussetzungen: Kinder können bis zehn zählen.

Material: Notizmaterial; evtl. Fotos oder Skizzen mit einer Strichliste.

Tipps für die Durchführung: Im Unterricht zählen die Kinder Gegenstände auf, die ihnen auf ihrem Schulweg bereits aufgefallen oder bekannt sind. Diese werden aufgelistet, und einige davon, die sich für dieses Zählspiel eignen, ausgewählt. Die Kinder langsam zum gezielten Beobachten anleiten.

Besonderes: Es werden einige Gegenstände, die sich zum Größenvergleich eignen, im Unterricht genau beobachtet und „ausgemessen“. Die Kinder gehen auf „Entdeckungsreise“ und suchen Gegenstände, die etwa halb so groß, gleich groß oder größer sind als sie selbst. Es gehen immer zwei Kinder miteinander.

Feedback/Lernkontrollen: Kannst du die Gegenstände, die du auf deinem Schulweg beobachtet hast, auch deinen Eltern und Geschwistern aufzählen und diese möglichst exakt beschreiben?

94 Blumen zählen

Fachbereich: Mensch und Umwelt / Mathematik / Sprachen

Stufe: Unterstufe/Mittelstufe/Oberstufe

Lernziele/Kompetenzen: Die häufigsten Blumen der Region kennen und nennen können.

Beschreibung: Die Kinder lernen im Unterricht die in der Region häufigsten, wildwachsenden Blumen kennen. Dann werden sie aufgefordert, auf ihrem Schulweg nach diesen Blumen Ausschau zu halten.
Alle Kinder erhalten ein Arbeitsblatt mit 10 der bekanntesten Blumen der Region. Auf dem Schulweg beobachten je zwei Kinder, wo sich solche Blumen befinden und halten diese mit einem Strichprotokoll fest.

- Unterstufe: Nur die Farben der Blumen zählen: Wie viele rote, grüne, gelbe, violette … Blumen habt auf eurem Schulweg gefunden?
- Mittelstufe: Einbau der Beobachtungsresultate in die Mengenlehre o. Ä. Einfache Grafik erstellen. Die eigene Lieblingsblume zeichnen oder fotografieren.
- Oberstufe: Blumennamen in einer Fremdsprache kennen und nennen lernen. Grafische Darstellung praktisch anwenden.

Voraussetzungen: Kenntnis der Blumen in der Region. Eine einfache Grafik erstellen können.

Material: Arbeitsblatt und Schreibzeug als Protokoll für die Beobachtungen.

Tipps für die Durchführung: Den ganzen Ablauf vom gemeinsamen Blumensuchen bis zur grafischen Auswertung durchspielen. Erst dann in Kleingruppen zur Hausaufgabe auf dem Schulweg überleiten.

Besonderes: Auf einem gemeinsamen Spaziergang oder während einer (Sport-)Lektion im Freien nach den bekanntesten, wild wachsenden Blumen Ausschau halten, je ein Exemplar einsammeln und im Schulzimmer einstellen.

Feedback/Lernkontrollen: Die Kinder präsentieren ihre Blumenstatistik, nennen ihre Blumen – wenn möglich mit Namen – und berichten über ihre Beobachtungen.

95 Walken und talken

Fachbereich: Bewegung und Sport / Mathematik / Mensch und Umwelt **Stufe:** Mittelstufe/Oberstufe

Lernziele/Kompetenzen: Einen längeren Weg zügig marschieren oder langsam joggen können ohne anzuhalten. Den Unterschied zwischen „bummeln“ und „sich zügig fortbewegen“ bewusst erleben und erfahren.

Beschreibung: Vierergruppen mit einem gemeinsamen Schulweg. Es wird ein Treffpunkt vereinbart, der sich für alle vier auf ihrem Schulweg befindet. Es wird von der Lehrperson (oder von den Kindern selbst) bestimmt, welches Duo am ersten Tag das „langsamere“ und welches das „schnellere“ sein soll. Beide Zweiergruppen starten gleichzeitig. Das schnellere Team wartet am vereinbarten Treffpunkt, bis das langsamere Team ebenfalls beim Treffpunkt ankommt. Am darauf folgenden Tag werden die Rollen gewechselt.

- Mittelstufe: Das schnellere Team mit Joggen und Walken im Wechsel; das langsamere mit gewöhnlichem Marschieren.
- Oberstufe: Das schnellere Team mit Joggen; das langsamere mit zügigem Walken.
- Oberstufe: Zeitdifferenzen festhalten und gegenseitig vergleichen. Im Mathematikunterricht statistisch auswerten.

Voraussetzungen: Minimales Dauerleistungsvermögen.

Material: Übliche Freizeitkleider.

Tipps für die Durchführung: Die Kinder zum leichten Ausdauertraining anleiten und in spielerischen Formen vielseitig üben. Ein Gefühl für die individuellen Belastungsgrenzen entwickeln und diese in kleinen Schritten langsam steigern. Dadurch die Freude an kleinen Ausdauerleistungen fördern.

Besonderes: Die Kinder werden im Bewegungs- und Sportunterricht regelmäßig und systematisch angeleitet, wie sie eine längere Strecke ohne anzuhalten und ohne sich überfordert zu fühlen, zurücklegen können. Grundsatz: Sowohl beim Walken als auch beim Joggen soll man in der Lage sein, trotz der Belastung jederzeit miteinander plaudern zu können.

Feedback/Lernkontrollen: Wie groß war der Zeitunterschied? Wie habt ihr euch gefühlt beim Marschieren, Walken oder Joggen? Wer schafft den ganzen Schul-Heimweg nur mit Joggen?

96 Speicher abrufen

Fachbereich: Mensch und Umwelt / Sprachen

Stufe: Unterstufe/Mittelstufe/Oberstufe

Lernziele/Kompetenzen: Sich an möglichst vieles erinnern können.

Beschreibung: Die Kinder erleben einen ganz gewöhnlichen Schultag. Am Ende des Tages erhalten die Kinder ihre „Bewegte Hausaufgabe“: Geht zu zweit oder zu dritt zu Fuß auf den Heimweg. Dann erzählt ihr euch gegenseitig, was ihr den ganzen Tag, von der ersten bis zur letzten Stunde, erlebt habt. Wie viele einzelne und/oder gemeinsame Erinnerungen bringt ihr zusammen?

- Jedes Kind schreibt zu jeder Erinnerung ein Stichwort auf einen Karton.
- Zu Hause schreibt jedes Kind auf Grund seiner Notizen einen Kurzbericht. Dieser darf am darauf folgenden Tag allen anderen Kindern vorgelesen werden (MS); auf der US lediglich erzählen lassen.
- Mittelstufe/Oberstufe: auch in einer Fremdsprache.

Voraussetzungen: Ein ganz gewöhnlicher Schultag.

Material: Schreibmaterial.

Tipps für die Durchführung: Regelmäßig spielerische Gedächtnisübungen durchführen. Die Kinder anleiten, einen spannenden Kurztext zu ihren Beobachtungen zu verfassen und diesen Zuhörenden spannend zu schildern.

Besonderes: Gedächtnistraining ist auf viele Arten möglich.

Feedback/Lernkontrollen: Wie ist es dir gelungen, dich an möglichst viel zu erinnern? Versuche, auf interessante Weise über deine Beobachtungen und über dein „Speichertraining“ zu erzählen.

97 Müll-Detektive

Fachbereich: Mensch und Umwelt / Sprache / Mathematik **Stufe:** Unterstufe/Mittelstufe

Lernziele/Kompetenzen: Aufmerksamkeit auf weggeworfene Gegenstände und Entsorgungsmöglichkeiten fördern.

Beschreibung: Zweier- oder Dreiergruppen begeben sich auf den Schulweg und sammeln Abfall ein. Die Kinder erhalten verschiedene Beobachtungs- und Auswertungsaufgaben.

- Welche Gruppe hat am meisten PET-Flaschen, Zigarettenstummel, Plastikbecher ... gefunden? Auswertung der gefundenen Gegenstände nach Art, materiellem Wert, Alter, Material usw. Eine einfache Statistik erstellen.
- Welches ist der „sauberste" Schulweg bzw. wo wurden die wenigsten Wegwerfgegenstände gefunden?
- Wie viele Abfalleimer sind auf eurem Schulweg aufgestellt?
- Wo sollten weitere Abfalleimer aufgestellt werden (evtl. Vorschlag durch die Kinder an die örtliche Gemeindeverwaltung einreichen).
- Gemeinsam einen illustrierten Zeitungsartikel verfassen und diesen in einem lokalen Mitteilungsblatt veröffentlichen.

Voraussetzungen: Das Thema „Trag Sorge zur Umwelt" o. Ä. wurde im Unterricht thematisiert und ist den Kindern vertraut.

Material: Alte, gebrauchte Taschen für die gesammelten Gegenstände abgeben oder von zu Hause mitnehmen. Plastik- oder Gummi-Handschuhe verteilen.

Tipps für die Durchführung: Das Thema Abfallentsorgung vor dieser Hausaufgabe im Unterricht thematisieren. Gemeinsam eine Sammelstelle besuchen und sich vom Personal vor Ort informieren lassen, wie man „Alltagsmüll" richtig und gezielt entsorgt. Solche Beobachtungsaufgaben mehrfach auf verschiedenen „Heim- bzw. Schulwegen" erteilen.

Besonderes: Wo sollte der Abfall richtigerweise entsorgt werden? Im Unterricht die Gegenstände sortieren und dann gemeinsam in einer Sammelstelle entsorgen.

Feedback/Lernkontrollen: Wie denken die Eltern über diese Thematik? Wie wird zu Hause „Müll" entsorgt? Wie werden die Abfallgegenstände zu Hause sortiert? Wie und wo werden diese Gegenstände entsorgt?

98 Sport-Reporter

Fachbereich: Mensch und Umwelt / Sprachen

Stufe: Mittelstufe/Oberstufe

Lernziele/Kompetenzen: Genaues Beobachten und Geschehnisse möglichst rasch und exakt in Sprache umsetzen lernen.

Beschreibung: Beobachtungsaufgabe für alle: Ein einfacher Bewegungsablauf eines Kindes oder der Lehrperson wird mehrere Male wiederholt. Ein Kind darf erzählen, was es gesehen hat. Hat es alles gesehen? Wechsel.

- Gleicher Ablauf wie oben, aber jetzt darf jedes Kind spontan erzählen, was es sieht, auch wenn daraus anfänglich ein richtiges „Durcheinander-Geschwätz“ entsteht.
- Zu zweit: A zeigt eine Bewegung vor und B beschreibt möglichst spontan und genau, was passiert. Wechsel.
- Zu dritt auf dem Schulweg: A darf spontan einen Halt einschalten, B beginnt sofort zu erzählen, was es beobachtet, und C gibt am Ende der Sequenz ein kurzes Feedback. Dann geht's weiter auf dem Schulweg, bis B die nächste Sequenz bestimmt usw.
- Ein Kind darf sich beliebig bewegen. Alle anderen beobachten genau. Dann dürfen alle ihre Erinnerung schriftlich festhalten. Anschließend werden die Berichte miteinander verglichen.
- Eigene Reportage ab Tonträger anhören.

Voraussetzungen: Beliebige Alltagsszenen auf einem Schulweg.

Material: Wenn vorhanden Tonspeicher oder Smartphone oder auch Notizpapier für das Festhalten von Stichwörtern.

Tipps für die Durchführung: Einige Grundlagen des guten, verständlichen Wiedergebens stufenangepasst vermitteln und gemeinsam üben.
Dann auch in Kleingruppen ausprobieren. Auch in einer Fremdsprache versuchen. Die Wörter, die noch nicht bekannt sind, einfach auf Deutsch einflechten.

Besonderes: Was macht einen guten Reporter aus? Was muss er/sie können? Zum mutigen spontanen Berichten anleiten. Kurzreportagen auf einem Tonträger aufzeichnen und gemeinsam kritisch anhören.

Feedback/Lernkontrollen: Zu Hause einem Geschwister oder den Eltern einen Bewegungsablauf beschreiben, der dann von jemandem ausgeführt werden muss. Oder auch umgekehrt. Hat's geklappt?

99 Straßen-Detektiv

Fachbereich: Mensch und Umwelt / Mathematik

Stufe: Unterstufe/Mittelstufe

Lernziele/Kompetenzen: Gedächtnistraining im Alltag. Schnelles Erfassen und Speichern von Zahlen auf spielerische Art und Weise üben.

Beschreibung: Die Kinder erhalten eine der Stufe angepasste Beobachtungsaufgabe auf dem Schulweg.
Zu zweit: A und B begeben sich auf den Heimweg. A hat einen Schreibstift und einen Karton als Notizblock. B hat eine Beobachtungsaufgabe.

- Unterstufe: B sagt jedes Mal, wenn entweder ein rotes oder ein weißes Auto vorbeifährt „rot" oder „weiß". A macht jeweils bei rot bzw. weiß einen Strich. So bald eine Farbe 10x festgestellt wurde, wird die Aufgabe gewechselt.
- Mittelstufe: B liest die Nummer eines vorbeifahrenden Autos und A schreibt diese auf. Rollenwechsel. Nach der „ersten Runde" testen sich beide, ob sie ihre Autonummer noch wissen. Gelingt es auch, sich zwei Nummern zu merken?
- Eigene Ideen zu spannenden Beobachtungsaufgaben?

Voraussetzungen: Sicheres Verhalten auf Wegen und Straßen.

Material: Karton und Bleistift.

Tipps für die Durchführung: Das sichere und vorsichtige Verhalten auf der Straße muss vorgängig thematisiert und praktisch geübt werden (evtl. mit Hilfe der Verkehrspolizei). Beispiel: Die Kinder zeichnen das Nummernschild ihrer Eltern oder Nachbarn auf einen Karton.
Jetzt wird im Schulzimmer Straßenverkehr gespielt: Ein, zwei oder drei Kinder marschieren (fahren!) bei den anderen Kindern vorbei, und jedes versucht, sich die Nummer(n) zu merken.

Besonderes: Die Kinder kennen die wichtigsten Verhaltensregeln auf ihrem Schulweg. Die Aufgabe wird anhand einiger konkreter Beispiele – wenn möglich an einer wenig befahrenen Straße – gemeinsam geübt. Den Straßenverkehr im Sportunterricht simulieren und einfache Erkennungsübungen einbauen (z. B. mit den Nummernschildern).

Feedback/Lernkontrollen: Die Kinder erzählen, was sie beim Erkennen der Farben (Unterstufe) oder beim Nummernschild lesen (Mittelstufe) erlebt haben. Welches war die größte Schwierigkeit? Wie konntet ihr euch die Nummer am besten merken? Welche „Gädächtnistricks" können helfen?

100 Mein Bilder-Speicher

Fachbereich: Mensch und Umwelt / Sprachen

Stufe: Mittelstufe/Oberstufe

Lernziele/Kompetenzen: Gut beobachten und möglichst vieles speichern lernen. Miteinander Vereinbarungen treffen.

Beschreibung: Zu dritt: Die drei Kinder A, B und C entscheiden sich auf dem Schulweg gemeinsam auf einen Platz oder eine Umgebung. A darf während einer Minute den gemeinsam vereinbarten Ausschnitt beobachten; die anderen beiden B und C drehen dem Ausschnittbild den Rücken zu. Nach einer Minute drehen sich sowohl A als auch B und C um. A zählt auf, was es gesehen hat. Für jedes richtige Objekt gibt es einen Punkt. B und C kontrollieren und zählen gemeinsam die richtig beobachteten Dinge. Dann folgt für B dieselbe Ausgabe, aber mit einem anderen, wiederum gemeinsam begrenzten Ausschnitt usw.

- Auf der Mittelstufe/Oberstufe das Beobachtete in einer Fremdsprache beschreiben.
- Auf einem Spaziergang, beim Joggen oder Fahrradfahren mit den Eltern oder Geschwistern sich die Umgebung merken. Wer erinnert sich nachher am besten bzw. am meisten?
- Zu zweit: Am Ende eines gemeinsamen Schulweges sich gegenseitig Fragen über eigene Beobachtungen stellen. Erinnerst du dich an ...?

Voraussetzungen: Jede beliebige Umgebung auf dem Schulweg oder rund ums Schulhaus ist möglich.

Material: Notizmaterial.

Tipps für die Durchführung: Die ganze Klasse hat dieselbe Beobachtungsaufgabe. Alle Kinder dürfen spontan sagen, was sie sehen. Nach einer gewissen Zeit drehen sich alle um und zählen spontan auf, was sie noch wissen. Was ist vom beobachteten Bild im Gedächtnis haften geblieben? Alle Kinder versuchen, sich auf dem Heimweg möglichst vieles zu merken. Zu Hause schreiben sie auf, woran sie sich noch erinnern können.

Besonderes: Zum systematischen Beobachten und Speichern von Bildern mittels verschiedenen Fotos, nahe gelegenen Gebäuden usw. anleiten.

Feedback/Lernkontrollen: An wie viele Gegenstände, Häuser, Autos usw. konntet ihr euch auf dem „Bild-Speicher-Weg“ erinnern? Haben die Eltern oder Geschwister einen besseren Bild-Speicher als du?

101 Blindenführer

Fachbereich: Mensch und Umwelt / Sprachen

Stufe: Unterstufe/Mittelstufe

Lernziele/Kompetenzen: Hemmschwellen gegenüber Sehbehinderten abbauen und einfache, natürliche und richtige Verhaltensregeln kennen lernen.

Beschreibung: Die Kinder lernen die Problematik einer Sehbehinderung verstehen. Sie lernen und üben korrektes Verhalten gegenüber sehbehinderten Menschen auf spielerische Weise.

Zu zweit: A und B stehen hintereinander. B legt seine Hände auf die Schultern von A und schließt die Augen. B darf Start und Stopp sagen, wann es will. Nach einer selbst gewählten Zeit die Rollen wechseln.

- Dasselbe über oder um einfache Hindernisse.
- A wählt eine eigene Route im Raum (oder im Freien) und B versucht, sich den jeweiligen Standort zu merken. A darf irgendwo anhalten und B beschreibt, wo er zu stehen glaubt.
- B hängt A mit einem Arm ein, schließt die Augen und lässt sich von A führen. A beschreibt laufend, wo sie sich aufhalten. Rollenwechsel.
- Dasselbe auch auf einem Teilstück des Heimweges (nur auf abgelegenen oder wenig befahrene Straßen und Wegen!).

Voraussetzungen: Kontakt zu Sehbehinderten (z. B. in einem nahe gelegenen Heim, in einer Familie). Gegenseitiges Vertrauen innerhalb der Klasse.

Material: Kein Material nötig.

Tipps für die Durchführung: Die Kinder schrittweise und stufenangepasst an Verhaltensformen im Umgang mit Sehbehinderten anleiten. Aufarbeitung der Erlebnisse im (Fremd-)Sprachunterricht.

Besonderes: Die Kinder werden vertraut gemacht mit der Thematik Sehbehinderung. Evtl. Besuch bei einer sehbehinderten Person (vielleicht sogar mit Blindenhund). Verhalten gegenüber sehbehinderten Menschen thematisieren und miteinander üben. Einfache Hindernisse im Bewegungsunterricht mit Hilfe eines „Blindenführers" überwinden.

Feedback/Lernkontrollen: Kann jemand eine Geschichte von einem blinden Menschen erzählen? Wie haben Eltern oder Geschwister reagiert, als sie als „Blinde" geführt wurden? Wie habt ihr euch als Sehbehinderte auf dem Schulweg gefühlt?

102 Schnitzel-Jagd

Fachbereich: Sprachen u. a.

Stufe: Unterstufe/Mittelstufe

Lernziele/Kompetenzen: Vom Buchstaben zum Wort; vom Wort zum Satz. Wortschatz erweitern.

Beschreibung: Je zwei Zweiergruppen haben einen ähnlichen Schulweg. Jedes Zweierteam erhält zwei bis drei Wörter (oder auf der US Buchstaben) in einem geheimen Briefumschlag. Es wird bestimmt, welches Paar von beiden beginnt. Das erste Paar darf 5 Minuten vor Schulschluss losmarschieren und malt auf seinem Schulweg bis zu einer vereinbarten Stelle seine Worte wie auf einer Schnitzeljagd – Buchstabe für Buchstabe – auf den Weg (nur auf den Boden!). Bedingung: der Buchstabe muss deutlich sichtbar sein, wenn der Weg durchlaufen wird.
Das zweite Team folgt 5 Minuten später, sucht bzw. „sammelt" (notiert) die Buchstaben bzw. Wörter und versucht am Ende des Schulweges oder zu Hause gemeinsam, die Wörter zusammen zu setzen.

- Auch mit neu gelernten Wörtern einer Fremdsprache.
- Oder auch mit Rechnungsaufgaben, je nach Stufe und Voraussetzungen.
- Dasselbe Spiel kann auch im Unterricht mit Papierschnitzel durchgeführt werden.
- Auch im Fremdsprachenunterricht.

Voraussetzungen: Die Kinder kennen alle Buchstaben und können einzelne Wörter lesen und verstehen.

Material: Tafelkreide; Notizpapier und Stift.

Tipps für die Durchführung: Die Hälfte der Klasse darf 5 Minuten früher nach Hause gehen. Am nächsten Tag die andere Hälfte. Hinweis auf Verkehrssicherheit und Rücksichtnahme auf andere. Nur weiße Tafelkreide verwenden. Auf dem Boden schreiben und zwingend keine Wände beschriften!

Besonderes: Nur mit weißer Kreide auf den Boden schreiben. Das Boden-Lese-Spiel vorher im Sportunterricht auf einem bekannten Rundweg üben. Auf unschöne Schmierereien an Wänden und Fassaden aufmerksam machen.

Feedback/Lernkontrollen: Am darauf folgenden Tag die Buchstaben (Unterstufe) oder die Wörter (Mittelstufe) zusammensetzen. Welches Wort (Unterstufe) bzw. welcher Satz (Mittelstufe) entsteht?

103 Schätz-Wettbewerb

Fachbereich: Mensch und Umwelt / Sprachen / Mathematik **Stufe:** Mittelstufe/Oberstufe

Lernziele/Kompetenzen: Den Schulweg bewusst wahrnehmen und exakt beobachten lernen.

Beschreibung: Jedes Kind beobachtet genau und denkt sich auf seinem Schulweg Schätzfragen aus. Eine Woche lang sucht es nach der besten, interessantesten, originellsten Frage, das heißt, es schaut eine Woche immer wieder genau hin.
An einem gemeinsam vereinbarten Tag darf jedes Kind in der Klasse seine Frage stellen. Das Kind, welches der richtigen Antwort am nächsten kommt, erhält einen Punkt. Das Kind, das am Schluss am meisten Punkte hat, wird Schätz-König oder Schätz-Königin.

- Die Thematik der Schätz-Fragen einschränken, je nach Voraussetzung und Kenntnisstand der Kinder.
- Die Schätzfragen in einer Fremdsprache entwerfen und vortragen. Ebenso versuchen, in der Fremdsprache zu antworten.
- Die Länge des Schulweges schätzen und anschließend messen (entweder mit eigenem Schrittlängenmaß oder auf einer Karte).
- Mit den geschätzten Werten Rechenoperationen durchführen.
- Eigene Ideen?

Voraussetzungen: Die Kinder haben im Unterricht gelernt, wie man Schätzfragen stellen kann.

Material: Notizmaterial; evtl. Smartphone als Fotoapparat

Tipps für die Durchführung: Ans Schätzen und Messen schrittweise herangehen. Die Länge des Schulweges mittels der eigenen Schrittlänge messen. Andere Mengen und Größen schätzen und anschließend messen oder zählen: Wasser, Steine usw.

Besonderes: Das Thema in einen Wochenplan integrieren. Das persönliche Schrittlängenmaß im Sportunterricht erfassen und damit Strecken möglichst genau messen, zum Beispiel eine 100-m-Strecke und eine Kilometerstrecke.

Feedback/Lernkontrollen: Die Kinder vereinbaren aus den zusammengetragenen Schätzfragen drei, die sie ihren Eltern stellen dürfen. Welche Eltern schätzen am genauesten?

104 Ich zähl, was du nicht weißt

Fachbereich: Mensch und Umwelt / Mathematik **Stufe:** Mittelstufe

Lernziele/Kompetenzen: Sich zurückerinnern.
Fairness auch bei kleinen Rate-Spielen.

Beschreibung: Zwei Kinder begeben sich miteinander auf den Schulweg. Jedes trägt eine eigene, geheime Schätzfrage in einem zusammen gefalteten Papier mit sich. A zählt auf dem Weg beliebige Gegenstände (Autos, Fahrräder, Fußgänger, Hochhäuser, Straßenbahnen, Busse, Kinderwagen, Polizisten, rote Autos, Flugzeuge …), jedoch möglichst unauffällig, dass B nichts bemerkt.
B macht auf demselben Weg genau dasselbe, jedoch mit seinen selbst gewählten Beobachtungsobjekten. Am Ende des Schulweges stellt Kind A dem Kind B seine Frage, und Kind B versucht, die gestellte Frage möglichst genau zu beantworten. Gegengleich. Wer schätzt genauer?

- Für den nächsten Schulweg wird eine andere Schätzfrage ausgedacht, und dasselbe Spiel beginnt.
- Zu dritt: A und B beobachten auf dem Schulweg möglichst alles genau. C hält die Schätzfrage versteckt, zählt aber immer möglichst unauffällig „seine" Gegenstände. Wer schätzt besser, A oder B? Am darauf folgenden Tag denkt sich B eine Schätzfrage aus, und C muss schätzen. Ebenso Wechsel am dritten Tag.
- Die Kinder entwerfen eigene Schätzfragen.

Voraussetzungen: Die Kinder haben das Schätzen auf verschiedene Weise kennen gelernt und geübt.

Material: Pro Kind ein Blatt mit einer selbstgestellten Schätzfrage.

Tipps für die Durchführung: Die Schätzaufgaben müssen in einer ersten Runde der Lehrperson vorgelegt werden. In einer Folgerunde dürfen die Kinder eigenständige Schätzfragen stellen.

Besonderes: Auf einem Spaziergang Schätzfragen-Spiele durchführen. Schätzen und Messen üben. Mengen schätzen (etwa so viel; zirka so lang usw.) und danach messen, zählen … Über das Thema „übertreiben" miteinander diskutieren. Wer übertreibt? Warum? Wann?

Feedback/Lernkontrollen: Kinder stellen den Eltern, Geschwistern … selbst ausgedachte und genau erkundete Schätzfragen. Wer beantwortet am genauesten?

105 Ein „Smiley“ genügt!

Fachbereich: Mensch und Umwelt / Sprachen

Stufe: Unterstufe/Mittelstufe/Oberstufe

Lernziele/Kompetenzen: Mit anderen Menschen mit einem Lächeln Kontakt aufnehmen. Einige Grundlagen der Kommunikation auf spielerische Art kennen lernen.

Beschreibung: Die Kinder werden angeleitet, mit welchen Formen und freundlichen Gesten mit anderen Menschen Kontakt aufgenommen werden kann.
Aufgabe für den Schulweg: Zu zweit: A begrüßt eine zufällig begegnende Person besonders freundlich. B beobachtet die Reaktion der begrüßten Person. Vielleicht kommt es darauf sogar zu einem kurzen Gespräch?
Die Kinder berichten, weshalb sie heute so freundlich grüßen würden.
Rollenwechsel: B begrüßt und A beobachtet.

- Jede positive Reaktion der begrüßten Personen wird mit einem Strich festgehalten; ebenso die negativen Reaktionen.
- Im Fremdsprachenunterricht einige bekannte Grußworte lernen wie: hello, bonjour, buon giorno, ciao, good morning ...

Voraussetzungen: Einige grundlegende Bausteine einer guten Kommunikation kennen.

Material: Oft genügt nur schon ein Lächeln und/oder ein nettes Wort!

Tipps für die Durchführung: Den Kindern wird bewusst gemacht, welche Bedeutung ein netter, freundlicher Gruß, ein erstes, nettes Wort bei einer Begegnung oder bei Beginn eines Gespräches bedeuten kann.

Besonderes: Kontakt-Aufnahme-Spiele auch im Sportunterricht durchführen. Beispiel: Alle Kinder laufen durcheinander. Bei jeder Begegnung mit einem anderen Kind irgend ein Zeichen der Kontaktaufnahme geben: Abklatschen, sich gegenseitig ein Lächeln schenken, ein Wort sagen, eine Geste zeigen ...

Feedback/Lernkontrollen: Die Kinder erzählen zu Hause von ihren Erfahrungen auf dem Schulweg und berichten am darauf folgenden Tag auch in der Schule: Anzahl positive und negative Reaktionen? Wie oder was sagen die Eltern zu diesem Thema?

VI

Kleine, coole Sportprojekte

1 Einleitung

Ausdauersportarten sind bei Kindern nicht auf Anhieb so beliebt wie Ballspiele oder Spiele im Wasser. Mittels eines systematischen, spielerischen Sportunterrichts lassen sich jedoch Kinder jeden Alters auch für Ausdauerleistungen begeistern. Wichtig ist immer die altersgemäße Auswahl von Spiel- und Übungsformen. Dazu gibt es viele konkrete Anregungen (siehe Literaturhinweise), und diese Beispiele wären in Form von motivierenden Sport-Hausaufgaben als eine Form des „home trainings" gut möglich.

Ohne Fleiß kein Preis! Das gilt besonders für das Ausdauertraining, aber auch zum Beispiel beim Jonglieren. Deshalb genügt ein einmaliger Anreiz im Sportunterricht nicht. Mit Hilfe von kleinen „coolen" Sportprojekten ist es möglich, Kinder außerhalb der Schule für verschiedenste sportliche Aktivitäten zu gewinnen. Vielleicht ist eine Kooperation mit einem örtlichen Sportverein möglich? Wenn dabei Eltern, Geschwister, Bekannte und Verwandte miteinbezogen werden, dann ist die Erfolgschance noch größer.

Der coole Doppeldecker

Eltern leben mit ihren Kindern gleichsam wie in einem Doppeldecker zusammen. Sie sind Vorbilder für ihre Kinder. Kinder „kopieren“ fast alles, was ihnen ihre Eltern vorleben; Positives und Negatives. Wenn beispielsweise Eltern täglich vor dem Fernseher sitzen, sich kaum bewegen, (zu) viel essen und deshalb häufig übergewichtig sind, dann fällt der Apfel nicht weit vom Stamm!

Könnte man den Doppeldecker nicht einmal umdrehen, so dass ein konkreter Bewegungsimpuls, – das „Vorbild“ – von der Schule bzw. von den Kindern aus kommt? Denn in der Schule sollen doch die Kinder etwas fürs Leben lernen. Ausdauersportarten wie Walken, Joggen, Radfahren, Schwimmen, Skaten, Wandern usw. sind klassische lifetime-Sportarten, die ein ganzes Leben lang ausgeführt werden können.

Das könnte wie folgt funktionieren: Die Kinder animieren mittels „coolen“ Sport-Hausaufgaben ihre Eltern, sich gemeinsam mit ihnen zu bewegen? Das wäre doch einfach umzusetzen und mit Sicherheit eine wirkungsvolle Gesundheits-Prophylaxe.

Die Zahnprophylaxe ist ein gutes Beispiel

Zu Beginn der 1960er Jahre wurde in der Schweiz wegen gehäuft auftretender Karies-Erkrankungen bei Kindern in der Schule die Zahnprophylaxe eingeführt. In regelmäßigen Abständen kommen bis heute speziell ausgebildete Fachpersonen für Zahnprophylaxe in alle Klassen und instruieren die Kinder im richtigen Zähneputzen. Dies obwohl sich die Gesundheitsprobleme der Kinder inzwischen von kranken Zähnen deutlich zu Haltungsschwächen und weiteren durch Bewegungsmangel erfolgten Krankheiten wie hohem Blutdruck, Diabetes oder Übergewicht verschoben haben. Die epidemischen Ausmaße dieser Krankheitsbilder sind alle längst vergleichbar mit den Kariesfällen in den 60er Jahren.

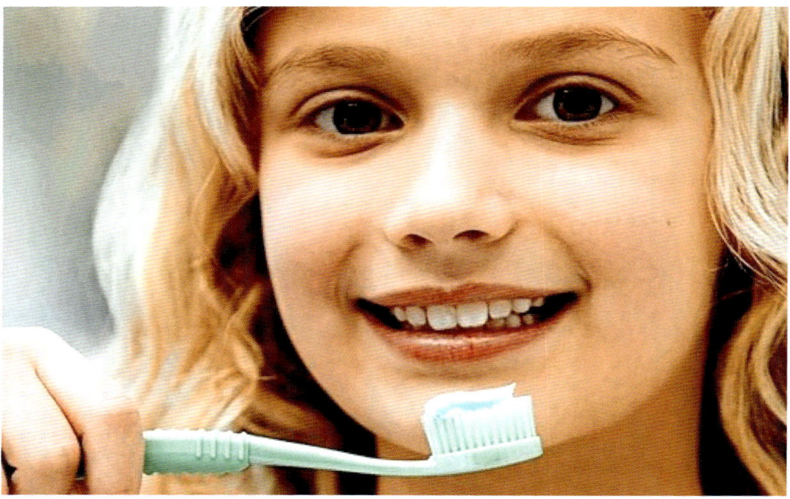

Auf eine ähnliche gesundheitspolitische Intervention bzw. ähnliche finanzielle Mittel für geeignete Maßnahmen warten Schulen und Lehrpersonen aber seit Jahren vergebens. Aus staatspolitischer, vor allem aber aus pädagogischer Sicht sind Interventionen zur Verbesserung dieser gesundheitlichen Situation aber dringend.

Gesund und fit ist einfach cool!

Mit der Lancierung der in diesem Buch vorgeschlagenen Bewegenden coolen Hausaufgaben und einigen kleinen Sportprojekten könnten Lehrpersonen entscheidend dazu beitragen, dass sich Kinder und Erwachsene wieder vermehrt spielerisch bewegen und so etwas für ihre Gesundheit tun.

Der Bewegungs- und Sportunterricht in der Schule könnte generell eine geeignete „Schaltstelle“ für die Gesundheit sein. Es wäre so einfach:

- Die Kinder werden im Rahmen des regulären Bewegungs- und Sportunterrichtes und beim Bewegten Lernen systematisch angeleitet, wie Übungen zum Kräftigen, Dehnen, Lockern, Entspannen und beim Sporttreiben ausgeführt werden.
- Die Lehrpersonen informieren die Kinder über die Absicht der einzelnen Übungen, zeigen diese korrekt und motivierend vor und leiten die Kinder an, diese Übungen und Spielformen regelmäßig in Form von „Bewegenden Hausaufgaben“ zu Hause auszuführen.
- Die Kinder werden motiviert, auch ihre Eltern und Geschwister für die Idee des Bewegten Lernens und vermehrten Sporttreibens zu begeistern.
- Die Kinder lernen mit den Bewegenden coolen Hausaufgaben verschiedene Lern- und Übungsmethoden kennen und entdecken im Laufe der Zeit ihre eigene, individuelle Art des Lernens.

Somit wäre der Kreis Schulsport – Bewegende Hausaufgaben – Familie auf „coole Art“ geschlossen; eine echte Win-Win-Situation für alle! Es müsste jetzt nur noch das Kommando erfolgen:

Auf die Plätze – fertig – BEWEGEN!

106 Ball-Jonglage

Fachbereich: Bewegung und Sport, Sprachen u. a. m.

Stufe: Unterstufe/Mittelstufe/Oberstufe

Lernziele/Kompetenzen: Einen (aufgeblasenen) Ball auf verschiedenste Weise jonglieren und gleichzeitig lernen. Lernen und Jonglieren miteinander kombinieren. Gegenseitig Rücksicht nehmen lernen!

Beschreibung: Den Ball fortlaufend hochwerfen und ihn wieder fangen. Gleichzeitig einen Lerninhalt üben (z. B. eine Zahlenreihe aufsagen, ein Gedicht rezitieren, auf Fragen eines anderen Kindes oder der Eltern/Geschwister antworten usw.). Die Lerninhalte müssen den jeweiligen Voraussetzungen angepasst werden.

Das Jonglieren wird immer etwas schwieriger:

- Den Ball auch mit dem Fuß hochspielen.
- Fuß-Hand-Kombinationen.
- Mit zwei Bällen gleichzeitig jonglieren.
- Mit Volleyball-Gesten, Basketball- und/oder Fußball-Dribblings.

Aber auch die Lernaufgaben werden schwieriger:

- Zahlenreihen in einer Fremdsprache aufsagen.
- Einen Text auswendig wiedergeben (auch in einer Fremdsprache).
- Auch zu zweit mit einem Ball jonglieren und gleichzeitig eine Lernaufgabe lösen.
- Eigene Ideen?

Voraussetzungen: Einfache Jongliertechniken beherrschen.

Material: Aufblasbarer Ball. Für „Könner" auch normale Spielbälle.

Tipps für die Durchführung: Das kombinierte Lern-Jonglier-Spiel behutsam und schrittweise einführen. Auch geeignet als individuelle Bewegungspause aber so, dass die anderen Kinder nicht gestört werden.

Besonderes: Im Bewegungs- und Sportunterricht lernen die Kinder das Jonglieren und sportartspezifische Gesten mit verschiedenen Bällen. Von einfachen Wurf-Fang-Übungen bis zu schwierigen Jonglierformen, je nach Voraussetzung der Schülerinnen und Schüler.

Feedback/Lernkontrollen: Wer hat eine neue Kombination von Lernen und Jonglieren entdeckt? Zeigst du diese auch den anderen Kindern? Warum ist es wohl schwieriger, etwas zu lernen oder zu üben, wenn man sich gleichzeitig bewegt?

107 Stress-Lern-Training

Fachbereich: Bewegung und Sport / Diverse weitere Fachbereiche

Stufe: Unterstufe/Mittelstufe/Oberstufe

Lernziele/Kompetenzen: Schnelles Lösen von einfachen Aufgaben unter erschwerten Bedingungen, also unter leichtem Stress. Spaß beim Lernen und Üben.

Beschreibung: Die Kinder werfen einen weichen (evtl. aufblasbaren) Ball hoch und fangen ihn wieder. Gleichzeitig zählen sie in Zweier-, Fünfer- oder Zehner-Schritten.

- Den Ball von einer Hand in die andere werfen.
- Mit der rechten Hand unter dem rechten Bein hindurch werfen.
- Mit zwei, vielleicht sogar mit drei Bällen jonglieren.
- Eigene Wurf- und Fangvarianten ausprobieren.
- Das Wurfspiel mit Lernaufgaben kombinieren, zum Beispiel sich selber eine Einmaleins-Aufgabe stellen, dann den Ball werfen und vor dem Fangen das Resultat sagen.
- Zu zweit: A wirft; B stellt Fragen. A wirft den Ball hoch und B stellt eine Aufgabe. A versucht, möglichst vor dem Fangen des selbst aufgeworfenen Balles die richtige Antwort zu geben. Ist die Antwort richtig, bleibt A Werfer, ist sie falsch, dann werden die Aufgaben gewechselt.
- Der Ballwerfer darf die Wurfhöhe selbst bestimmen. Je weniger hoch er wirft, desto weniger Zeit bleibt für das Lösen der Aufgabe.
- Eigene Ideen entwickeln und dann zu Hause ausprobieren.
- Auch mit Ballwurf an eine Wand.

Voraussetzungen: Geeignete, stufenangepasste Lerninhalte, die eine schnelle Lösung von Aufgabenstellungen erfordern.

Material: Jonglierbälle oder andere geeignete Wurfgegenstände.

Tipps für die Durchführung: Die Aufgaben den Voraussetzungen anpassen. Auch zu zweit oder in kleinen Lerngruppen durchführen. Die Kinder auffordern, sich gegenseitig schnelle Testfragen zu stellen. Die Schwierigkeiten individuell steigern.

Besonderes: Spaß beim Lernen ist eine gute und wichtige Voraussetzung.

Feedback/Lernkontrollen: Zu Hause: A beginnt zu werfen. B stellt eine Aufgabe oder Frage. Wem gelingt es, möglichst lange „am Ball“ zu bleiben und fortlaufend richtig zu antworten?

108 Hula-Hoop

Fachbereich: Bewegung und Sport / Weitere **Stufe:** Unterstufe/Mittelstufe/Oberstufe

Lernziele/Kompetenzen: Koordination. Körpergefühl. Kräftigung der Rumpfmuskulatur. Freizeitspaß. Geduld beim Üben.

Beschreibung: Die Kinder lernen die Grundtechnik der Hula-Hoop-Bewegung. Sobald der Reifen ohne große Schwierigkeiten mehrere Male gekreist werden kann, werden zusätzlich Lernaufgaben eingebaut. Bei Schwierigkeiten immer wieder neu beginnen.

- A lässt den Reifen kreisen und B stellt A eine Aufgabe. A versucht, diese während des Hula-Hoop-Kreisens zu lösen. Gelingt dies A, ist ein Punkt gewonnen. Kleine Pause und weiter geht's. Kann A die Aufgabe nicht oder nur falsch lösen, wird gewechselt. Wer hat zuerst 5 Punkte gewonnen?
- A lässt den Reifen kreisen und fragt B irgendetwas (B steht z. B. im Einbeinstand oder hüpft mit einem Seil). Gleiche Spielregel wie oben.
- Einen Lerninhalt allein mit Hula-Hoop üben.
- Eigene Spielregeln.
- Ist in verschiedenen Fachbereichen anwendbar.

Tipp: Den Hula-Hoop-Reifen selber herstellen. Faustregel für die Größe: Der Reifen sollte im Stand vom Boden aus bis zum Bauchnabel reichen!

Voraussetzungen: Die Grundlagen der Hula-Hoop-Technik beherrschen.

Material: Hula-Hoop-Reifen; im Fachbereich Werken und Gestalten selber herstellen (2-cm-Kabelrohr bei einem Elektriker beziehen; Reifen-Durchmesser ca. ein Meter, d. h. 3 Meter und 14 Zentimeter Länge; Holzzapfen an beiden Enden einleimen – fertig!).

Tipps für die Durchführung: Solche Reifen können auch für die verschiedensten Hüpfspiele, Ordnungsübungen, Geschicklichkeitsspiele usw. verwendet werden. Zwei bis drei Exemplare sollten in der Spielecke jedes Klassenzimmers vorhanden sein. Auf der OS die Formel Umfang = Durchmesser mal π praktisch umsetzen (einen Hula-Hoop-Reifen selber basteln).

Besonderes: Die Kinder im Rahmen des üblichen Bewegungs- und Sportunterrichtes in die Technik der Hula-Hoop-Übungen einführen (auch mit Gymnastikreifen möglich). Auch mit den Händen, Armen, Füßen, Beinen. Extreme Hüftbewegungen vermeiden.

Feedback/Lernkontrollen: Die Kinder versuchen, ihre Eltern und/oder Geschwister in der Hula-Hoop-Technik zu instruieren. Dann schildern sie am darauf folgenden Tag ihre „Bewegungs-Lernergebnisse".

109 Turmbezwinger

Fachbereich: Bewegung und Sport / Sprachen / Mathematik / Geografie

Stufe: Mittelstufe/Oberstufe

Lernziele/Kompetenzen: Ausdauer- und Krafttraining durch Treppensteigen. Fairness beim Zählen.

Beschreibung: Es gilt, auf Treppenstufen das Restaurant im Moskauer Fernsehturm Ostankino zu erklimmen. Das Restaurant liegt auf einer Höhe von 334 m. Die Höhe des ganzen Turmes misst 540 m. Die Kinder wählen daheim oder im Schulhaus eine Treppe mit mindestens zehn Stufen. Die Treppenhöhe beträgt in diesem Beispiel 18 cm. Jedes Kind versucht, auf dieser Treppe die Spitze des Fernsehturms zu erreichen. Um das Restaurant zu erreichen, müssen 1855 Stufen überwunden werden: 18 cm x 1855 = 33'390 cm = 334 m. Wenn man für zehn Stufen fünf Sekunden berechnet, dauert allein der Aufstieg ohne den jeweiligen Rückweg rund eine Viertelstunde. Diese Berechnungen führen die Kinder vorher durch.

- Wer erreicht das Restaurant im Fernsehturm?
- Wer erreicht sogar die Spitze des Fernsehturms?
- Die Kinder suchen zehn hohe Gebäude, berechnen die Zahl der Stufen, dann die Zahl der Durchgänge und besteigen alle diese Gebäude.

Beim Treppensteigen merken sich die Kinder die statistischen Angaben über den Turm auf dem Stichwort-Zettel, so dass sie nachher darüber berichten können.

Voraussetzungen: Eine Treppe mit mindestens zehn Stufen und mit einer Stufenhöhe von ca. 18 cm.

Material: Strichliste und Bleistift. Unterlagen zum Ostankino-Turm auf einem Stichwort-Zettel: Ort: Moskau, Russland, Art: Fernsehturm, Bauzeit: 1963–1967, Material: Stahl und Beton, Restaurant: 334 m, Höhe: 540 m.

Tipps für die Durchführung: Die Lehrperson zeigt den zu erklimmenden Turm im Bild und motiviert die Kinder dadurch zusätzlich. Oder: Die Lehrperson plant eine Weltreise auf die zehn höchsten Türme der Welt. Diese Reise bereitet sie im Geografie-Unterricht vor: Städte, Länder, Sprache ... und beschafft Fotos von diesen 10 höchsten Türmen. Jedes Kind darf selber entscheiden, welchen Turm es erklimmen will.

Besonderes: Bleistift und Strichliste mit Zehnerfeldern. Die Kinder haben beim Treppensteigen stets einen Bleistift und den Stichwort-Zettel in der Hand und machen nach jedem Durchgang einen Strich ins Zehnerfeld. Vor dem Start berechnen sie, wie viele Durchgänge nötig sind.

Feedback/Lernkontrollen: Die Kinder beschreiben den Turm mit den Angaben, die sie auswendig gelernt haben. Alle führen ein eigenes Treppenlaufprotokoll entweder im Schulzimmer oder zu Hause.

110 Gipfel-Stürmer

Fachbereich: Bewegung und Sport / Sprachen / Mathematik / Geografie **Stufe:** Mittelstufe/Oberstufe

Lernziele/Kompetenzen: Auf Treppenstufen so viele Höhenmeter schaffen, dass ein Berg bestiegen wird. Kraft und Ausdauer. Fairness beim Zählen.

Beschreibung: Die Kinder berechnen den Höhenunterschied eines Berges vom Hügelfuß bis zum höchsten Punkt. Dann rechnen sie aus, wie oft sie „ihre“ Treppe besteigen müssen, bis sie den höchsten Punkt erreicht haben. Wenn das ausgerechnet ist, geht es los.

- Normales Treppensteigen.
- Beidbeiniges Hüpfen.
- Auf allen Vieren.
- Mit Zusatzaufgaben, z. B.: Während des Treppensteigens Zahlenreihen vorwärts und rückwärts in einer Fremdsprache üben.
- Während des Treppensteigens Verben konjugieren, vorwärts und rückwärts.
- Während des Treppensteigens schwierige Zahlenreihen aufzählen.
- Zu zweit als Intervalltraining: A steigt 1, 2 oder 3x hinauf und zurück; B pausiert. Rollenwechsel.
- Mit Lernaufgaben: A steigt die Treppen hoch. In dieser Zeit denkt sich B eine Lernaufgabe aus. Wenn A zurückkommt, wird die Aufgabe gestellt. Ist die Lösung richtig, wird gewechselt; sonst steigt A erneut auf.
- Eigene Ideen?

Voraussetzungen: Eine Treppe mit mindestens 10 Stufen und mit einer Stufenhöhe von 18 cm.

Material: Strichliste und Bleistift.

Tipps für die Durchführung: Den zu erklimmenden Berg mit Bild zeigen und dadurch zusätzlich motivieren.

Besonderes: Bleistift und Strichliste mit Zehnerfeldern. Die Kinder haben beim Treppensteigen stets einen Bleistift in der Hand und machen nach jedem Durchgang einen Strich ins Zehnerfeld. Vor dem Start berechnen sie, wie viele Durchgänge nötig sind.

Feedback/Lernkontrollen: Die Kinder berichten, was sie während des Treppensteigens gedacht oder gelernt haben. Konnten auch andere zum Treppensteigen motiviert werden?

111 Schrittzähler

Fachbereich: Bewegung und Sport

Stufe: Unterstufe/Mittelstufe/Oberstufe

Lernziele/Kompetenzen: Zu bewusstem und regelmäßigem Bewegen anleiten. Den Schulweg zu Fuß zurücklegen. Auf den Autotransport zur Schule verzichten. Zu Fairness anleiten.

Beschreibung: Die Kinder ermitteln mit Hilfe eines Schrittzählers ihre täglichen Schritte und sollten möglichst schnell über die Tausender-Grenze kommen. Es geht aber auch darum, dass die Kinder ein Bewusstsein für ihre Gesundheit und somit auch für die tägliche Bewegung entwickeln.

Die Lehrkraft überlässt die Kontrolle den Kindern. Sie hängt zum Beispiel eine Klassenliste auf, wo alle Kinder die Anzahl Schritte des vorangegangenen Tages aufschreiben können.

KG/US: Die Eltern organisieren miteinander einen „Walking-Bus“ (Walking-Bus: Eine oder besser zwei erwachsene Personen begleiten und führen die Kinder, sorgen für Sicherheit auf der Straße und „steuern“ diesen Bus). Der Schulweg wird so gewählt, dass sich möglichst viele Kinder anhängen können. Wenn möglich warten die Eltern mit ihrem Kind vor dem Haus, bis der „Walking-Bus“ vorbeifährt. Dann steigt das Kind ein, und der Bus fährt bis zum Schulhaus.

- Viele weitere Varianten des Schrittzählens im Alltag oder beim Sporttreiben sind möglich.

Voraussetzungen: Die Kinder motivierend ins Thema einführen. Die Lehrperson ist selber von der Idee überzeugt und lebt diese auch vor.

Material: Schrittzähler anschaffen als Set für eine ganze Schule. Jede Klasse erhält diese Schrittzähler für eine bestimmte Zeit zur Verfügung.

Tipps für die Durchführung: Als Lehrperson selber mitmachen. Gemeinsam Ideen entwickeln, wie man allein oder gemeinsam zum Ziel kommt, zum Beispiel mit einem Schritt-Wettbewerb: Wer schätzt am genauesten, wie viele Schritte die Klasse oder die ganze Schule zusammenbringen? Der erste Preis könnte ein Schrittzähler sein!

Besonderes: Die Eltern oder die Geschwister werden mit einbezogen. Die Spielregeln werden gemeinsam festgelegt. Der Umgang mit dem PC ist möglich, eventuell mit Hilfe der Eltern oder der Geschwister.

Feedback/Lernkontrollen: Die Kinder tragen die Anzahl der Schritte selber am PC in einer vorgegebenen Tabelle ein. Die Lehrkraft hängt eine Klassenliste auf, in die alle am Morgen die Anzahl der Schritte des vorangegangenen Tages eintragen können.

112 Seilspring-Marathon

Fachbereich: Bewegung und Sport

Stufe: Unterstufe/Mittelstufe/Oberstufe

Lernziele/Kompetenzen: Die Seilsprungtechnik mit häufigem Training gezielt verbessern. An einer Idee hartnäckig und ausdauernd dran bleiben. Den Teamgeist fördern. Fairness beim Ausfüllen des Sprungprotokolls.

Beschreibung: Ein Team von drei Personen (mindestens ein Kind aus der Klasse, in der die Idee lanciert wurde, und wenn möglich Eltern, Geschwister und Nachbarkinder) versucht, innerhalb von vier Wochen möglichst viele Seilsprünge zu absolvieren. Es müssen pro zählbaren Versuch mindestens 50 Sprünge hintereinander gesprungen werden. In einem von den Kindern selbst gestalteten Protokoll werden 50er-Sprungserien eingetragen. Die genauen Spielregeln werden von den Kindern in Kooperation mit der Lehrperson gemeinsam festgelegt. Diese müssen zwingend eingehalten werden, insbesondere, wenn verschiedene Klassen mitmachen.

- Gemeinsam in einem Doppelseil (evtl. zwei Seile zusammenbinden) gesprungene Sprünge zählen doppelt.
- Weitere Varianten durch die Teilnehmenden bestimmen lassen und als „Spielregeln“ festhalten.

Nach Abschluss des Projektes findet die Auswertung, evtl. verbunden mit einer Preisverteilung, statt. Vielleicht findet sich ein Sponsor, der allen, die mitgemacht haben, ein Springseil schenkt?

Voraussetzungen: Minimale Technik des Seilspringens beherrschen.

Material: Pro Person ein Springseil.

Tipps für die Durchführung: Das Seilspringen im Sportunterricht systematisch einführen und mit vielen Varianten attraktiv gestalten. Anleitung zur Fairness!

Besonderes: Die Kinder schrittweise mit vielen Seilsprungspielformen für die Idee des Seilsprung-Marathons begeistern. Idee und Geschichte des „Marathons“ erklären!

Feedback/Lernkontrollen: Wer konnte außerhalb der eigenen Klasse zusätzlich für dieses Projekt gewonnen werden?

Beispiel Seilsprungprotokoll: In jedes Feld werden nur 50er-Serien eingetragen. Das Protokoll muss nach Ablauf des Projektes von allen Teilnehmenden unterschrieben werden. Mit der Unterschrift wird bestätigt, dass das Protokoll ehrlich ausgefüllt wurde.

113 Liegestütze ohne Ende

Fachbereich: Bewegung und Sport

Stufe: Unterstufe/Mittelstufe/Oberstufe

Lernziele/Kompetenzen: Kräftigung der Rumpf- und Armmuskulatur. Eine selbst gewählte Anzahl Liegestütze ohne Unterbrechung ausführen können. Fairness, auch beim Zählen der Liegestützen.

Beschreibung: Der Liegestütz ist eine der zeitlosesten und vielseitigsten Kräftigungsübungen. Er kann überall und jederzeit durchgeführt werden. Die Kinder lernen im Sportunterricht, wie der Liegestütz korrekt ausgeführt wird. Die Wahl der jeweiligen Technik ist abhängig von der Kraft. Deshalb besser einen korrekt ausgeführten Knieliegestütz ausführen, anstatt einen Liegestütz auf den Füßen in Hohlkreuzhaltung. Die Lehrperson leitet die Kinder an, zu Hause während einer Zeitspanne von einem Monat täglich eine selbst gewählte Anzahl von Liegestützen auszuführen. Die Anzahl der Liegestütze kann kontinuierlich gesteigert werden.

Miteinander Liegestütze sammeln: Jedes Kind darf pro Tag 20 Liegestütze zählen. Mehr Liegestütze zu machen ist natürlich zu „Trainingszwecken" erlaubt, sollte aber in diesem Fall nicht angestrebt werden (Absicht: Anleitung zu einem systematischen Training und nicht zu kurzfristigen Überbelastungen!). Eltern und Geschwister oder andere Kinder aus dem Quartier dürfen auch mitmachen. Alle dürfen sich jedoch höchstens 20 Liegestütze pro Tag anrechnen lassen. Alle Einzel- und Familien-Liegestütze werden notiert und jeden Tag in der aufgehängten Tabelle nachgetragen.

Voraussetzungen: Technik von korrekten Liegestützen kennen und beherrschen.

Material: Kein Material nötig, nur der eigene Körper.

Tipps für die Durchführung: Verschiedene Arten von Liegestütze korrekt einführen und bei der Ausführung exakt kontrollieren. Auf einen systematischen, langfristigen Trainingserfolg hinarbeiten.

Besonderes: Auf korrekte Durchführung achten. In jeden Bewegungs- und Sportunterricht einbauen.

Liegestützvarianten:
- Knieliegestütze
- Korrekte Liegestütze (nur auf den Füßen und Händen)
- Abstützen auf den Ellbogen und dann wechselseitiges Anheben eines gestreckten Beines im Sekundentakt.
- Abstützen auf den Ellbogen und diese Position möglichst lange halten.

Feedback/Lernkontrollen: Die Kinder tragen die Liegestütz-Tabelle im Schulzimmer laufend nach. Von Erfolgserlebnissen und Fortschritten – insbesondere auch von Familienmitgliedern – berichten!

114 Walking-Marathon

Fachbereich: Bewegung und Sport

Stufe: Unterstufe/Mittelstufe/Oberstufe

Lernziele/Kompetenzen: Gemeinsam eine sehr lange Strecke zurücklegen. Fairness sowohl beim „Sammeln“ als auch beim Eintragen der zurückgelegten Strecken.

Beschreibung: Nachdem die Kinder in die Technik des „zügigen Gehens“ (Walkens) eingeführt wurden, wird ein Walking-Marathon gestartet, an dem möglichst viele teilnehmen sollen. Während einer vorgegebenen Zeit versucht eine Gruppe, möglichst viele Kilometer zurückzulegen. Die Resultate werden laufend in einem individuellen Lauf-Protokoll festgehalten und immer wieder in die Gesamtliste, welche im Schulzimmer aufgehängt ist, nachgetragen.

- Klassenweise.
- Schulhausweise.
- In gemischten Gruppen (Kinder, Eltern, Geschwister).
- In Dreiergruppen, wobei mindestens ein Kind der jeweiligen Klasse dabei sein muss.
- Falls Walkingstöcke vorhanden sind den Kindern Spielformen zeigen, die sie mit ihren Eltern oder Geschwistern vor oder nach dem gemeinsamen Training oder bei einer „Verschnaufpause“ durchführen könnten.
- Eigene Vorschläge?

Voraussetzungen: Technik des Walkens ist bekannt.

Material: Walkingstöcke können auch Kinder motivieren, sind aber nicht unbedingt nötig.

Tipps für die Durchführung: Ein gezielter und spielerischer Aufbau garantiert ein langfristiges Resultat. Kinder immer wieder zu Fairness anleiten, denn es wäre auch bei diesem Spiel einfach, nicht ehrlich zu sein. *„Wer die Möglichkeit hat, zu mogeln, kann besser lernen, ehrlich zu sein“* (W. Bucher).

Besonderes: Die Kinder lernen im Bewegungs- und Sportunterricht verschiedene Fortbewegungs-Arten wie Gehen, Laufen, Rennen, aber auch gezielt das zügige Gehen über eine längere Distanz.

Feedback/Lernkontrollen: Die Kinder berichten immer wieder über ihre Erfahrungen und Erlebnisse beim gemeinsamen „zügigen Wandern“.

115 Kletter-Marathon

Fachbereich: Bewegung und Sport

Stufe: Mittelstufe/Oberstufe

Lernziele/Kompetenzen: Kraft und Koordination verbessern. Gemeinsam auf ein „hohes“ Ziel hin trainieren. Fairness beim Zählen und Eintragen der eigenen Kletterresultate.

Beschreibung: Die Kinder einigen sich im Gespräch mit der Lehrperson auf ein gemeinsames Kletterziel (nahe gelegener Berg, Kirchturm in der Nähe, Fernsehturm …).
Während einer vorgegebenen Zeit dürfen die Kinder selbstständig an einem ihnen vertrauten Klettergerüst auf- und absteigen. Die Höhe des Klettergerüstes in Metern ist den Kindern bekannt. Nach jedem Klettertraining dürfen die Kinder in einer großen Tabelle ihre „Höhen-Meter“ bei ihrem Namen eintragen. Es zählt das Gesamtresultat aller Kinder in der Klasse.

- Der Klettermarathon wird ausgedehnt, und es können Eltern, Geschwister und Bekannte mitmachen. Die Kinder „sammeln“ die erklommenen Höhenmeter und tragen diese in der „Gemeinschaftsliste“ im Schulzimmer ein.
- Auch als Kletter-Wettbewerb unter verschiedenen Klassen innerhalb einer Schule möglich.
- Schulhaus gegen Schulhaus usw.
- Eigene Kletter-Wettbewerbs-Formen?

Voraussetzungen: Gute Kletterfähigkeit. Genügende Sicherheit.

Material: In Metern geeichte Kletterwand, ein Klettergerüst, eine Kletteranlage im eigenen Garten oder im Hof o. Ä.

Tipps für die Durchführung: Dem Sicherheitsaspekt ist große Beachtung zu schenken, denn Lehrpersonen könnten bei einem Unfall haftbar gemacht werden.

Besonderes: Die Kinder im Sportunterricht systematisch ins Klettern einführen und dies in jeder Sportstunde immer wieder üben lassen (z. B. vor Beginn der Sportstunde an der Sprossenwand klettern lassen; zur Sicherheit vorgängig Matten legen).

Feedback/Lernkontrollen: Wer konnte auch seine Eltern und/oder Geschwister für die Kletter-Marathon-Idee begeistern? Wer kennt jemanden, der schon hohe Berge erklommen hat? Wo gibt es in der Nähe einen Klettergarten?

116 Lern-Akrobatik

Fachbereich: Alle

Stufe: Mittelstufe/Oberstufe

Lernziele/Kompetenzen: Koordinative Bewegungsabläufe ausführen und gleichzeitig Hausaufgaben lernen und üben. Erfahren, wie man abgelenkt werden kann, aber auch, wie es möglich ist, sich trotz ablenkender Jonglierformen oder anderen Bewegungsaufgaben konzentrieren zu können.

Beschreibung: Im Unterricht werden bestimmte Lerninhalte eingeführt, gelernt und zu zweit eingeübt, sodass die Kinder in der Lage sind, ohne weitere Hilfe von jemandem die Lernaufgabe selber auszuführen. Die Hausaufgabe besteht darin, den gelernten Lerninhalt mehrfach zu üben, jedoch gleichzeitig eine Jonglier- oder eine andere Koordinationsübung auszuführen. Beispiele:

- Konjugieren in einer Fremdsprache üben.
- Zahlenreihen in einer Fremdsprache aufzählen.
- Ein Gedicht oder einen längeren Text auswendig lernen.
- Auf gestellte Fragen Antworten geben.
- Jemandem einen Sachverhalt erklären.
- Ein Lied singen.
- „Bewegend“ Radio hören und den gehörten Inhalt nach Abschluss des Berichtes wie ein Kurzprotokoll wiedergeben.
- Eigene Ideen?

Voraussetzungen: Minimale koordinative Fähigkeiten beherrschen. Kenntnis und Fertigkeit einiger einfacher Balancier- und Jonglierformen.

Material: Je nach Aufgabe ein bis drei Balancier- oder (selbst gebastelte) Jonglierbälle, diverse einfache, eventuell sogar selbst hergestellte Gleichgewichtsmaterialien o. Ä.

Tipps für die Durchführung: Das eine Kind nimmt jonglierend oder koordinierend von einem anderen (in der Schule) oder von den Eltern oder Geschwistern (zu Hause) gestellte Lernaufgaben entgegen und versucht, diese unter „erschwerten Bedingungen“ zu beantworten.

Besonderes: Die Kinder lernen im Bewegungs- und Sportunterricht verschiedene, ihnen angepasste Jonglier- und Koordinationsformen.

Feedback/Lernkontrollen: Die Kinder instruieren ihre Eltern bei einfachen Jonglierformen und bitten sie, ihnen Lernaufgaben zu stellen oder etwas abzufragen. Die Kinder berichten am anderen Tag darüber im Unterricht.

117 Lern-Duathlon-Training

Fachbereich: Bewegung und Sport | **Stufe:** Mittelstufe/Oberstufe

Lernziele/Kompetenzen: Eine Ausdauerleistung mit einer Lernaufgabe kombinieren bzw. „halbe-halbe“ aufteilen. Zu einer individuell passenden Arbeits- bzw. Lerntechnik anleiten.

Beschreibung: Die Lehrperson zeigt behutsam den Weg auf von einem üblichen „Pflichtprogramm“ (übliches Lernen bei Hausaufgaben) hin zu einem Wahlprogramm mit dem Ziel, später einmal selbstständig entscheiden zu können, wie und was zuerst gelernt bzw. getan werden soll. Dieses Ziel kann am Beispiel des Lern-Duathlons geübt werden.

Lern-Hausaufgabe: Die Lernenden dürfen sich für eine von zwei vorgegebenen Aufgaben entscheiden. Die Lernzeit entspricht der Sportzeit (ca. 10 Minuten).

Sport-Hausaufgabe: Die Lernenden dürfen sich für irgendeine Ausdauersportart entscheiden. Der Zeitaufwand sollte mindestens 10 Minuten betragen.

- Woche 1: Zuerst Sport, dann Lernen (nur ein Durchgang).
- Woche 2: Zuerst Lernen, dann Sport (wenn möglich zwei „Runden“).
- Woche 3: Eigene Wahl der Reihenfolge (wenn möglich drei „Runden“).

Voraussetzungen: Im Sport: Minimale Grundfähigkeiten und Kenntnisse von Verhaltensweisen bei Ausdauersportarten (Belastungen kennen und einschätzen können).
Beim Lernen: Die Kinder dürfen aus zwei gestellten Lern-Hausaufgaben eine auswählen.

Material: Je nach den gewählten Sportarten bzw. den ausgewählten Hausaufgaben.

Tipps für die Durchführung: Die Schülerinnen und Schüler systematisch an verschiedene Ausdauersport-Möglichkeiten heranführen. Das Auswahlprojekt gut erklären. Zu einer gezielten, individuellen Arbeitstechnik hinführen und motivieren.

Besonderes: Die Wahl der Duathlon-Reihenfolge im Bewegungs- und Sportunterricht thematisieren und üben: Was machst du lieber, zuerst Bewegen und dann Lernen oder umgekehrt?

Feedback/Lernkontrollen: Welche Erfahrungen habt ihr gemacht? Wem passt es besser, sich zuerst zu bewegen und erst dann zu lernen und umgekehrt?

118 Triathlon-Training

Fachbereich: Bewegung und Sport **Stufe:** Mittelstufe/Oberstufe

Lernziele/Kompetenzen: Zu zweit oder zu dritt eine große Herausforderung meistern. Vielseitig, polysportiv trainieren lernen. Fairness üben.

Beschreibung: Viele ältere Menschen erinnern sich ungern an sportliche Schulsport-Anlässe im Ausdauerbereich. Das muss nicht sein, denn es gibt verschiedene spielerische Möglichkeiten, eine ausdauernde Leistung positiv zu erleben. Kombinations-Beispiele:

- Inlineskaten, Radfahren, Laufen.
- Schwimmen, Laufen, Radfahren.
- Schwimmen, Inlineskaten, Laufen.
- Laufen, Inlineskaten, Radfahren.
- Radfahren, Laufen, Inlineskaten.
- Seilspringen – Treppenlaufen – Krafttrainingsprogramm.
- Tanzen – Dehn- und Kräftigungsprogramm – Joggen.
- Gemeinsam eigene Kombinationen festlegen.
- Individuelle Kombinationen wählen, die jedoch von der Lehrperson akzeptiert werden müssen!

Voraussetzungen: Minimale Fertigkeiten sind nötig. Ein geeignetes Umfeld ist wichtig: Schwimmbad, Radwege, gesicherte Bike-Strecken, Wanderwege.

Material: Je nach den gewählten Sportarten. Sicherheitsvorkehrungen strikt einhalten, zum Beispiel einen Helm tragen beim Biken, Gelenkschoner beim Skaten, Aufsicht beim Schwimmen.

Tipps für die Durchführung: Anregung: Als Abschluss eines Sommerhalbjahres einen kleinen Triathlon durchführen. Dabei ganz besonders für umfangreiche Sicherheit sorgen (Verkehrskadetten, Rettungsschwimmer, Sanitätspersonal usw.).

Besonderes: Geschwister, Eltern, Verwandte, Bekannte zur Teilnahme animieren. Die Kinder schrittweise an das Ausdauertraining heranführen.

Feedback/Lernkontrollen: Alle Beteiligten führen ein Protokoll. Ein Mitglied des Teams ist dafür verantwortlich, dass die Resultate regelmäßig und ehrlich nachgetragen werden.

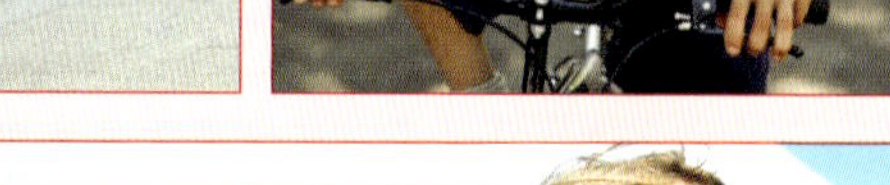

119 24-Stunden-Triathlon

Fachbereich: Bewegung und Sport | **Stufe:** Mittelstufe/Oberstufe

Lernziele/Kompetenzen: Miteinander Sport treiben. Zu dritt eine große Herausforderung meistern. Jeder Finisher ist Sieger!

Beschreibung: „Triathlon – das ist eine verrückte Sache!" Diese Aussage mag für die extremen Formen des Triathlons zutreffen. Doch die Idee, Sportarten miteinander zu kombinieren, ist faszinierend. Diese Idee kann durchaus als Ziel für eine sinnvolle Freizeitbeschäftigung und als Fortsetzung eines gezielten Ausdauertrainings im Sportunterricht umgesetzt werden. Wetten?

Teilnahmebedingungen: 3er-Gruppen (Großvater, Mutter, Geschwister, Freundin, Onkel, Tante usw.). Mindestens ein Mitglied muss aus der eigenen Schulklasse stammen.

Durchführung: Innerhalb einer beschränkten Zeit (z. B. 4 Monate). Der Start erfolgt im Sportunterricht, danach findet alles weitere außerhalb der Schule statt.

Spielregeln: Pro Etappe mindestens 10 Minuten (oder länger) schwimmen, laufen oder radfahren. Die Länge der zurückgelegten Strecke ist nicht entscheidend. Die entsprechende Zeit in die 10-Minuten-Felder des Kontrollblattes eintragen. Die Zeiten bzw. 10-Minuten-Felder der einzelnen Gruppenmitglieder werden addiert, bis eine der drei Tabellen vollständig ausgefüllt ist. In der „Lauf-Tabelle" darf nur die gelaufene Zeit eingetragen werden, in der „Schwimm-Tabelle" nur die geschwommene usw. Es gibt also keine Einzelsieger; am Schluss zählt nur das Gesamtergebnis der Gruppe.

Preise: Unter allen vollständig ausgefüllten und von allen drei unterschriebenen Protokollblättern werden Preise ausgelost. Bestimmt lassen sich Sponsoren finden.

Hinweis: Es können auch drei andere Ausdauersportarten ausgewählt werden!

Voraussetzungen: Minimale Ausdauer-Fertigkeiten. Ein geeignetes Umfeld: Schwimmbad, Radwege, gesicherte Bike-Strecken, Wanderwege.

Material: Je nach den gewählten Sportarten. Sicherheitsvorkehrungen strikt einhalten, zum Beispiel einen Helm tragen beim Biken, Gelenkschoner beim Skaten, Aufsicht beim Schwimmen.

Tipps für die Durchführung: Auf Eigenverantwortlichkeit und Fairness großen Wert legen. Unbedingt die Eltern informieren und wenn möglich ins Projekt mit einbeziehen (z. B. an einem Elternabend).

Besonderes: Geschwister, Eltern, Verwandte, Bekannte zur Teilnahme animieren. Systematisch die einzelnen Ausdauersportarten im Sportunterricht trainieren.

Feedback/Lernkontrollen: Ehrlichkeit beim Ausfüllen des Protokollblattes wird vorausgesetzt! Im Verlauf des Projektes immer nachfragen, informieren, motivieren …

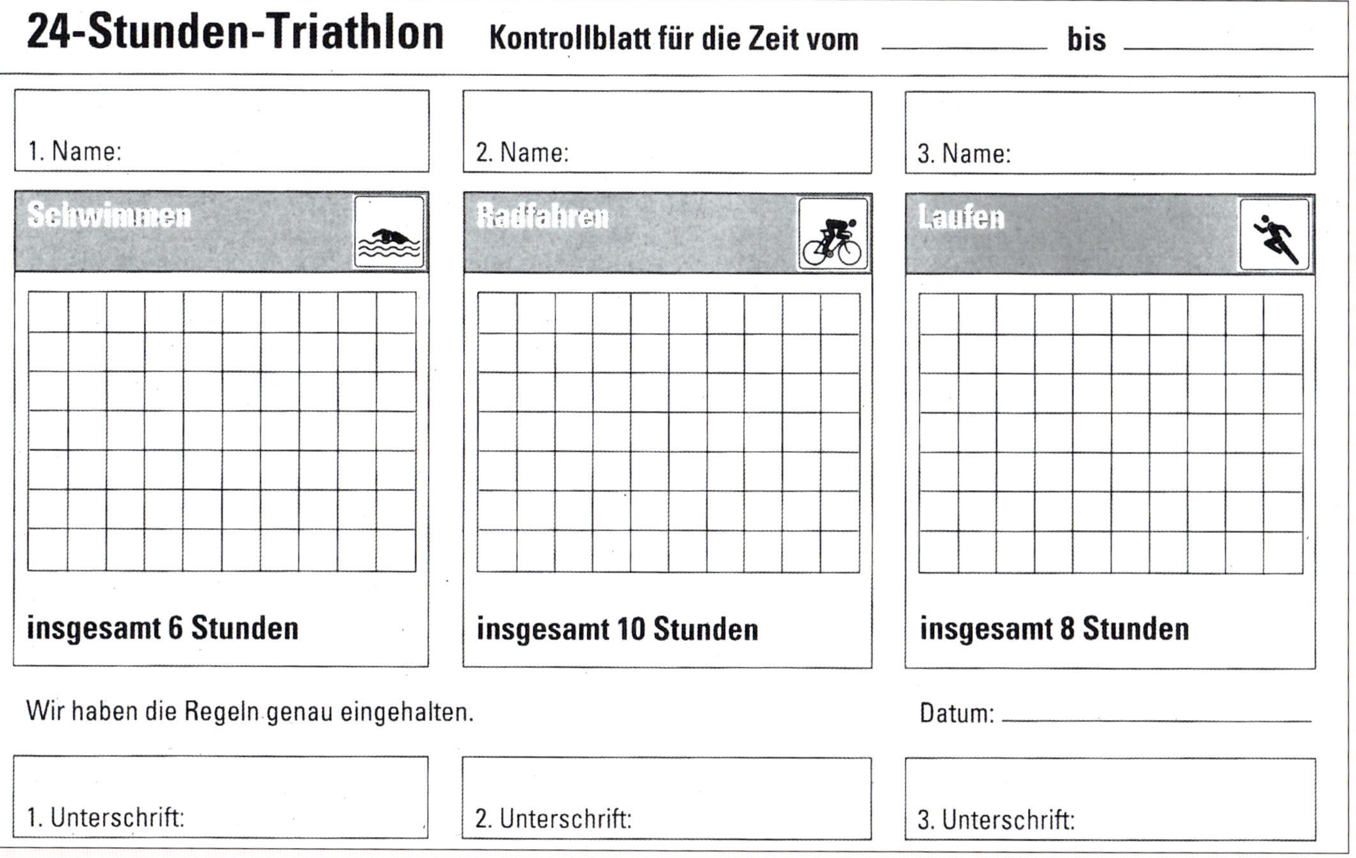

24-Stunden-Triathlon

Kontrollblatt für die Zeit vom ______ **bis** ______

1. Name:	2. Name:	3. Name:
Schwimmen	Radfahren	Laufen
insgesamt 6 Stunden	insgesamt 10 Stunden	insgesamt 8 Stunden

Wir haben die Regeln genau eingehalten.

Datum: ______

1. Unterschrift:	2. Unterschrift:	3. Unterschrift:

120 Uufzgi und tschutte

Fachbereich: Bewegung und Sport und andere Fachbereiche **Stufe:** Mittelstufe/Oberstufe

Das Projekt „UFZGI UND TSCHUTTE“ (Fußball spielen und Hausaufgaben machen) wird in der Schweiz mittlerweile bereits in verschiedenen Kantonen erfolgreich durchgeführt (www.sportacademys).

Die Idee ist faszinierend: Kinder können an schulfreien Nachmittagen an einem kombinierten Angebot teilhaben: Sie werden von älteren Schülerinnen oder Schülern beim Bearbeiten ihrer Hausaufgaben unterstützt und anschließend können sie mit ihren Lerncoaches gleich noch Fußball spielen. Und dies alles kostenlos!

Lassen Sie Ihre Kinder auch an einer solchen Idee teilhaben und initiieren Sie an Ihrer Schule oder mit anderen Schulen gleiche oder ähnliche Projekte – auch für Mädchen – in Zusammenarbeit mit örtlichen Sportvereinen und/oder -institutionen. Der Einsatz lohnt sich bestimmt.

Informationen und weitere Auskünfte zu diesem Projekt werden gerne erteilt vom Projektleiter Michele Salvatore m.salvatore@sportacademys.ch und/oder von weiteren verantwortlichen Personen im Rahmen dieses Projektes.

121 Kicken & Lesen

Fachbereich: Bewegung und Sport / Sprachen u. a. m. **Stufe:** Mittelstufe/Oberstufe

Lesen ist eine der Schlüsselkompetenzen und ermöglicht bessere Chancen im Leben. Wer liest, weiß mehr. Doch Kinder und Jugendliche lesen im Zeitalter von PC und Spielkonsolen immer weniger. Vor allem bei Jungen nimmt das Interesse daran im Alter von 10 bis 14 Jahren rapide ab. Oft lesen sie nur noch, wenn es sein muss. Und Bücher gelten als uncool. Es mangelt an männlichen Vorbildern und attraktiven Leseangeboten.

Doch Jungs interessieren sich durchaus für Literatur. Sie lesen aber anders und anderes als Mädchen und brauchen eine Förderung, die das berücksichtigt. Jungen orientieren sich gerne an „Helden", z. B. Fußballspielern und lassen sich dann motivieren, wenn männliche Identifikationsfiguren im Mittelpunkt stehen, das Abenteuer nicht zu kurz kommt und sie sich immer wieder austoben können. Hier setzt das Projekt „Kicken & Lesen" an. Sportvereine und Schulen organisieren gemeinsam „Lese-und-Sport-Projekte".

Das in Deutschland initiierte Projekt „Kicken & Lesen" hat großen Erfolg (www.kickenundlesen.de). Kontaktpersonen zu diesem Projekt sind je nach Region im Internet zu finden.

kicken & lesen

Ziele des Projekts

- Erhöhung der Lesekompetenz,
- Kombination von Bildung und Sport,
- Stärkung der sozialen Fähigkeiten,
- Integration,
- Gewaltprävention.

Dieselbe Projektidee ließe sich sicher auch für Mädchen umsetzen, doch (auch) dazu braucht es initiative (Lehr-)Personen!

Das Buch „Kicken & Lesen" kann kostenlos bestellt oder via Internet heruntergeladen werden.

BÜCHER ZUM THEMA

Annekäthi Belorf / Anita Schmid

741 Spiel- und Übungsformen „Bewegtes Lernen“

Kindergarten/Vorschule und 1.–4. Schuljahr

2008. DIN A5 quer, 280 Seiten
ISBN 978-3-7780-2211-5
Bestell-Nr. 2211 **€ 21.90**

Michel Bawidamann

814 Spiel- und Übungsformen „Bewegtes Lernen“

4.–6. Schuljahr

2000. DIN A5 quer, 224 Seiten
ISBN 978-3-7780-2221-4
Bestell-Nr. 2221 **€ 16.–**

Unter Bewegtem Lernen werden ergänzende Formen des traditionellen Lernens und Übens verstanden, bei denen die Bewegung des Körpers in den Lehr-Lernprozess mit einbezogen wird.
Diese Form des ganzheitlichen Lernens und Übens unterstützt die Idee der Rhythmisierung, fördert nachhaltiges Speichern von Wissen und Können (wie z. B. durch regelmäßiges Üben in der Musik oder durch systematisches Trainieren im Sport), kommt den Interessen der Lernenden entgegen, regt zum freudvollen Lernen an und baut hemmende Lernbarrieren und Ängste ab. Die beiden Bücher „741“ und „814“ sind dazu wahre Fundgruben.
Das Buch „741“ richtet sich an Lehrkräfte und Eltern, die sich mit dem Kindergarten, der Vorschule und/oder der 1.–4. Klasse befassen; Band „814“ vermittelt Ideen für Lehrkräfte und Eltern von Kindern der 4.–6. Primarschule.
Viele der in diesen beiden Büchern präsentierten Ideen lassen sich mit etwas Fantasie und wenigen Anpassungen als **coole Bewegende Hausaufgaben** gestalten.

Bezugsquelle Schweiz: Buchhandel oder Walter Bucher, E-Mail: bupro@bluewin.ch

Steinwasenstraße 6–8 · 73614 Schorndorf
Telefon (0 71 81) 402-125 · Telefax (0 71 81) 402-111
E-Mail: bestellung@hofmann-verlag.de · www.sportfachbuch.de

Literatur

Aregger, K. (1994). *Didaktische Prinzipien – Studienbuch für die Unterrichtsgestaltung*. Aarau: Sauerländer.

Beigel, D. (2012). *Beweg dich, Schule!* Dortmund: Borgmann Media.

Beck, F. (2014) *Sport macht schlau*. Berlin u. Wien: Goldegg.

Breithecker, D. (2002). *Bewegte Schüler – Bewegte Köpfe. Unterricht in Bewegung. Chance einer Förderung der Lern- und Leistungsfähigkeit*. Wiesbaden: Bundesarbeitsgemeinschaft für Haltungs- und Bewegungsförderung.

Bucher, W. (Hrsg.). (2008). *Spiel- und Übungsformen Bewegtes Lernen. Teil 1* (741 Ideen für Kindergarten und Vorschule), Teil 2 (814 Ideen für 4.–6. Schuljahr). Schorndorf: Hofmann.

Bucher, W. (Hrsg.). (1980–2015). *Reihe Spiel- und Übungsformen in verschiedenen Sportarten* (32 Bände). Schorndorf: Hofmann.

Bürgisser, T. & Wicki, W. (Hrsg.). (2008) *Praxishandbuch Gesunde Schule*. Bern: Haupt.

Hessisches Ministerium für Soziales und Integration, Hessisches Kultusministerium (2007). *Bildungs- und Erziehungsplan für Kinder von 0 bis 10 Jahren in Hessen*. https://soziales.hessen.de/sites/default/files/media/hsm/09_04_2014_bildungspl_2014_internet_2.pdf (02.02.2015).

Hollmann, W. & Löllgen, H. (2002). Bedeutung der körperlichen Aktivität für kardiale und zerebrale Funktionen. *Dt. Ärzteblatt, 20*, 1379–1381.

Hunger, I. & Zimmer, R. (2015). *Bewegungschancen bilden*. Schorndorf: Hofmann.

Kubesch, S. (2008). *Körperliche Aktivität und exekutive Funktionen*. Schorndorf: Hofmann.

Kubesch, S. (Hrsg.). (2014). *Exekutive Funktionen und Selbstregulation – Neurowissenschaftliche Grundlagen und Transfer in die pädagogische Praxis*. Bern: Hans Huber.

Medina, J. (2012). *Gehirn und Erfolg – 12 Regeln für Schule, Beruf und Alltag*. Heidelberg: Spektrum.

Niggli, A. & Moroni, S. (2009). *Hausaufgaben – geben-erledigen-betreuen*. Freiburg/Schweiz: Lehrmittelverlag.

Pühse, U. & Müller, C. (2005). *Bewegung und Lernen, Bewegung und Hirnleistungsfähigkeit* (Bericht über den Stand wissenschaftlicher Erkenntnisse und deren Bedeutung für die tägliche Bewegungsstunde von Kindern). Basel: Institut für Sport und Sportwissenschaften.

Ratey, J. & Hagerman, E. (2013). *Superfaktor Bewegung.* Kirchzarten: VAK.

Standop, J. (2013). *Hausaufgaben in der Schule – Theorie, Forschung, didaktische Konsequenzen.* Bad Heilbronn: Klinkhardt.

Walter, E., Achermann-Stürmer, Y., Scaramuzza, G., Niemann, S. & Cavegn, M. (2012). *Fahrradverkehr – bfu-Sicherheitsdossier Nr. 8.* Bern: bfu – Beratungsstelle für Unfallverhütung.

Zahner, L., Furger, R., Graber, M. & Keller, A. (2012). *„Bewegungsfreundliche Schule“ Medienpaket* (DVD und Website www.bfschule.ch). Basel: Universität Basel, Departement für Sport, Bewegung und Gesundheit.

Zopfi, S. (2008). *Bewegte Schule – Spiel- und Übungsformen für jeden Tag* (Bd. 1–3). Winterthur: ELK.

Zopfi, S. (2010). *Bewegte Schule – Spiele und Übungen für die 1./2. Klasse.* Donauwörth: Auer.

- http://www.schulebewegt.ch/
- http://bewegteschule.de/
- http://www.muttutgut.ch
- http://www.purzelbaum.ch
- http://www.lerneninbewegung.ch
- http://www.bfschule.ch
- http://www.taeglichesportstunde.ch
- http://www.radix.ch/index.cfm/0C0464D2-0BE8-08F2-816BA-AB45F8F6A43/
- http://www.children-on-the-move.ch
- http://www.mehr-bewegung-in-die-schule.de/05000.htm
- http://www.fussverkehr.ch/unsere-themen/sichere-schulwege/
- http://www.schulweg-bildet.ch/
- http://www.bfu.ch/de/ratgeber/ratgeber-unfallverhütung/strassenverkehr/fussgänger/schulwege/schulwege
- http://www.elternmitwirkung.ch/images_newsletter/2010/bilder/1010_sveo-schulweg.pdf
- http://www.schulwege.ch/zu-fuss-zur-schule/
- http://www.zeit.de/auto/2012-09/verkehrserziehung-schulweg
- http://www.spiegel.de/gesundheit/ernaehrung/studie-zu-uebergewicht-mehr-als-jeder-zweite-deutsche-ist-zu-dick-a-1001097.html
- http://www.tagesanzeiger.ch/wissen/Die-dicksten-Laender-der-Welt/story/21160871
- http://www.sportacademys.ch
- http://vorlage.lehrplan.ch/index.php?nav=10|50&code=t|106